NUESTROS CONTEMPORÁNEOS, 23

❧

Marcel Proust

MARCEL PROUST

De la imaginación y del deseo

*Selección, traducción y presentación
de María del Mar Duró*

EDICIONES PENÍNSULA
BARCELONA · 2001

Quedan rigurosamente prohibidas, sin la autorización escrita de los titulares de «copyright», bajo las sanciones establecidas en las leyes, la reproducción total o parcial de esta obra por cualquier medio o procedimiento, comprendidos la reprografía y el tratamiento informático, y la distribución de ejemplares de ella mediante alquiler o préstamo públicos, así como la exportación e importación de esos ejemplares para su distribución en venta fuera del ámbito de la Unión Europea.

Primera edición: junio de 2001.
© de la selección, la traducción y la presentación:
María del Mar Duró Aleu, 2001.
© de esta edición: Ediciones Península s.a.,
Peu de la Creu 4, 08001-Barcelona.
E-MAIL: correu@grup62.com
INTERNET: http://www.peninsulaedi.com

Fotocompuesto en Víctor Igual s.l.,
Còrsega 237, baixos, 08036-Barcelona.
Impreso en Hurope s.l., Lima 3, 08030-Barcelona.
DEPÓSITO LEGAL: B. 22.518-2001.
ISBN: 84-8307-368-4.

A GILLES DELEUZE, IN MEMORIAM

CONTENIDO

Presentación   15
Abreviaturas   20
Cronología   21

DE LA IMAGINACIÓN Y DEL DESEO

I. HISTORIA DE UN APRENDIZAJE   29

1. Unidad de *La Recherche*: el mundo como un sistema de signos   29
   Méséglise y Guermantes, los dos caminos de una «formación». —Más allá de la memoria, el desciframiento. —El arte de la interpretación (contra el saber abstracto): Saint-Loup, el militar; Norpois, el diplomático; Cotard, el médico. —El signo como jeroglífico.

2. Pluralidad de *La Recherche*: distintos mundos de signos   42
   La mundanidad (formalismo y vacuidad del signo). —El amor (individualización por el signo). —Las impresiones o cualidades sensibles (desarrollo del signo). —El arte (el sentido del signo).

3. La búsqueda de la verdad (en el tiempo)   52
   ¿Quién busca la verdad? El celoso. —El narrador. —El encuentro de la verdad: azar y necesidad (contra el método).

4. Los signos que fuerzan a pensar   56
a) Por el paso del Tiempo (Tiempo perdido): la alteración o la desaparición de los seres. —b) Por el Tiempo que se pierde: el dolor y el placer. —c) Por el Tiempo recobrado: las impresiones y el arte.

II. LAS ETAPAS DEL APRENDIZAJE   67

1. El objetivismo   67
Representación y memoria voluntaria: signos materiales. —Los valores de la inteligencia: a) La amistad; b) La conversación. —Contra una literatura objetivista (Goncourt, Saint-Beuve). —Contra el arte realista. —Contra el arte popular.

2. La decepción   75
Ante Bergotte, el escritor. —Ante la iglesia de Balbec. —En el segundo viaje a Balbec. —De Swann por Odette.

3. La esencia: unidad del signo y del sentido   78
Por la imaginación y el deseo: signos menos materiales. —Los «hombres superiores». —El arte: signos inmateriales.

III. ¿QUÉ ES UNA ESENCIA?   87

1. El mundo contenido en la esencia   87
La esencia como recreación del mundo y origen del Tiempo. —Encarnación de la esencia: a) En materias (color, sonido, palabra); b) En

materia espiritualizada. —La transmutación de la materia. El estilo y la metáfora.

2. La realidad del arte y la inmortalidad del alma 94
Superioridad del arte sobre la vida. —Esencia como alma cautiva. —Inmortalidad del alma. —Realidad independiente de la esencia. —Sólo hay intersubjetividad artística.

3. La esencia como diferencia cualitativa 98
La esencia es singular y principio de individuación. —Los dos poderes de la esencia: diferencia y repetición.

IV. LOS SIGNOS SENSIBLES 103

1. La memoria y el olvido 103
La memoria y la inteligencia voluntarias. —La memoria involuntaria (análoga a la metáfora).

2. Tipos de signos sensibles 105
a) Los descubrimientos (por la imaginación y el deseo). —b) Las reminiscencias (análogas al arte). —Mecanismo asociativo de la reminiscencia: semejanza y contigüidad. —Superación de la asociación: a) Por la alegría (del sujeto); b) Por la identidad (de la cualidad); c) Por la verdad (de la sensación). —El tiempo recobrado de los signos sensibles: el Tiempo perdido. —El «Tiempo recobrado» de la esencia.

3. El ser del pasado 117
La realidad virtual. —El pasado en sí. —Contingencia del recuerdo involuntario.

V. LOS SIGNOS DEL AMOR — 121

1. Serie: generalidad de la ley — 121
   Las series del amor. —Una diferencia preside cada serie (carácter particular del amor). —Repetición serial de esta diferencia (los sucesivos amores). —Forma serial de cada amor particular.

2. El olvido — 128
   Ambigüedad. —Serie invertida. —Primera tapa: retorno a la indistinción. —Segunda tapa: revelación de sus inclinaciones. —Tercera tapa: Albertina viva. —Ley general en el paso de un amor a otro.

3. Realidad transubjetiva — 136
   Swann: a) El iniciador de un destino. b) La «materia» de una experiencia. —La madre: la «forma» de una experiencia.

4. La esencia del amor — 140
   Esencia como generalidad: de una Idea, de una Imagen, de un Tema. —La inteligencia y el dolor. —Exterioridad y contingencia de la elección. —Subjetivismo del amor.

5. Revelación de la esencia — 150
   Por las leyes generales de la mentira: a) Presencia de la cosa oculta; b) Traición del mentiroso. —Por los secretos de la homosexualidad. —Las series profundas del amor: Sodoma y Gomorra. —La verdad del amor: el hermafroditismo original.

VI. LOS SIGNOS MUNDANOS 159

1. Grupo: generalidad del carácter 159
   Vacío. Estupidez. Olvido. —Castas de origen y familias mentales. —Ley natural/Ascendencia/Tierra natal/Casta/Nacionalidad/Época/Raza. —Patriotismo y Nacionalidad. —Asociaciones malditas.

2. Mundanidad: medio de aprendizaje 181
   Velocidad en los cambios. —Movilidad en los signos. —Perfección en el formalismo. —Generalidad en el sentido. —Extraterritorialidad. —Territorialidad.

VII. UNA IMAGEN DEL PENSAMIENTO 193

1. La verdad: aventura de lo involuntario 193
   La verdad no se da, se traiciona. —No se comunica, se interpreta. —No es querida, sino involuntaria.

2. El buscador de verdad 196
   El celoso (ante la mentira). —El hombre sensible (ante la impresión). —El lector o el auditor (ante la obra de arte).

3. La objetividad moderna (contra el *logos*): oposición Atenas/Jerusalén 200
   Observación/Sensibilidad. —Racionalidad/Pensamiento. —Inteligencia lógica/ Inteligencia involuntaria. —Reflexión/Traducción. —Amistad/Amor. Conversación/Interpretación silenciosa.— Homosexualidad griega/Homosexualidad judía. —Nombres/Pala-

bras. —Significación explícita/Signos implícitos. —Posibilidad/Realidad.

4. La superación del individuo (punto de vista superior de la Esencia)   213

VIII. COMPOSICIÓN DE *LA RECHERCHE*   215

1. Relación de implicación: continente/contenido. Los signos se explican   215
En las impresiones, la sensación y el lugar. —En el lenguaje, el nombre propio y la genealogía, o la etimología. —En el gran mundo, la aristocracia y la historia. —En el amor, la amada y el paisaje.

2. Relación de complicación: partes/todo (coexistencia de vasos estancos). Los signos se eligen   228
Fraccionamiento y multiplicación de los mundos. —La totalidad es estadística. —Organización de los vasos estancos: a) En círculos; b) En direcciones opuestas; c) En partes separadas. —Sistema de paso de un mundo a otro: la transversal. En el amor, los celos; en los lugares, el viaje; en los diversos momentos, el sueño. —La unidad se establece en la transversal.

3. Olvido: ley del Tiempo perdido (introduce distancias entre cosas contiguas)   244

4. Recuerdo: ley del Tiempo recobrado (instaura una contigüidad entre cosas distantes)   247

IX. LA CONSCIENCIA MODERNA: PAPEL
DE LA LEY   249

 1. La culpabilidad   249
    En el amor heterosexual (Primer nivel): a)
    Porque lo hace posible; b) Porque lo conclu-
    ye. —En las series homosexuales (Segundo
    nivel): Sodoma y Gomorra. La homosexuali-
    dad maldita. —En el transexualismo (Tercer
    nivel): homosexualidad local y no específica
    (inocencia original, en analogía con la botánica).

 2. Los celos (el delirio de los signos)   256
    Despliegue de los mundos contenidos en el ser
    amado. —Revelación del mundo incognos-
    cible. —Descubrimiento de la transexualidad.

 3. La lógica de los celos: secuestro del ser
    amado   261
    Vaciarlo de los mundos posibles. —Relacionar-
    los con el ser amado. —Interrumpir su mundo
    desconocido. —Descubrir la falta original.

 4. La ley del amor   267
    a) Secuestro; b) Voyeurismo; c) Profanación.
    —El destino de la ley: a) Amar sin ser amado;
    b) Dejar de amar.

 5. El telescopio (instrumento de *La Recherche*)   276
    Las diferencias son infinitesimales. —Las
    distancias son astronómicas.

X. LA OBRA DE ARTE MODERNA   281

 1. Concepción de *La Recherche*   281
    La obra como instrumento. —Una máquina

esencialmente productiva (de ciertas verdades). —Lo producido no es sólo interpretación. Relación entre impresión, recuerdo, creación: «el equivalente espiritual».

2. La producción de la verdad (buscada)   285
Primer rden: reminiscencias y esencias singulares (por los signos naturales y artísticos). —Segundo orden: leyes generales y objetos parciales (por los signos mundanos, amorosos, y el sueño). —Tercer orden: producción de catástrofe (por los signos de vejez, enfermedad y muerte). —El Tiempo, un monstruo con dos cabezas: a) Alteración y muerte (universalidad). —b) Superación de la contradicción (por la fragmentación).

3. La experimentación artística   298
El arte como productor de efectos (o verdades). —La obra se nutre de sus propios efectos. —El arte: descubridor (por la observación), creador (por la imaginación subjetiva), productor (por el pensamiento). —El arte: objetivo final de la vida o de la Naturaleza.

4. La unidad de la obra de arte   307
Inacabada y compuesta de remiendos. —Punto de vista supraindividual y multiplicidad de mundos. —Uno y Todo: ni unidad lógica ni totalidad orgánica. —Estatuto de la esencia: punto de vista (adyacente o contiguo). —La nueva literatura: ausencia de estilo (en vez de descripción, explicación). —Intercambio y comunicación de puntos de vista: la transversalidad (estructura formal de la obra). —¿Quién es el sujeto de *La Recherche*?

PRESENTACIÓN

> Los verdaderos libros deben ser hijos, no de la claridad y la conversación, sino de la oscuridad y el silencio. [TR 293]

En una carta dirigida al editor Eugène Fasquelle en 1912, tras declararse éste dispuesto a publicar *La Recherche,* escribe Proust que debe advertirle honestamente, a fin de que pueda reconsiderar tan benévola decisión, de que su obra es *indecente*, mucho más indecente que todo cuanto en ese momento se publica. La razón de que no haya reparado en ello, le dice, es que no puede adivinarse, de los hechos narrados en la primera parte del libro —*Le Temps perdu*—, la evolución moralmente pervertida de algunos personajes a lo largo de la novela. El editor rechazará finalmente el manuscrito, aunque no por esta advertencia sola. En el ánimo de Proust está impedir que su obra, una construcción concebida y elaborada como una tapicería, pueda verse repentinamente truncada a causa de una decisión precipitada. En la voluntad del editor, en cambio, parece que prevaleció un cierto desconcierto, repetidamente manifestado en el informe de lectura que encargó sobre *La Recherche*: «¿Qué significa todo esto? ¿A dónde pretende llegar? ¡Imposible saberlo! ¡Imposible prever nada!».[1] Esta incomprensión, no hacia un contenido licencioso o por completo amoral, sino hacia una estructura formal nue-

---

1. Véase Jacques Madeleine: Rapport de lecture.

va indisociable del contenido de que es revelación y concreción, donde el artesano expresa metafóricamente el mundo porque así lo aprehende el artista, será también la de Éditions Gallimard y algunos otros editores, que verán en la disquisición proustiana un producto del ocio y de la meticulosidad «de un caso intelectual no obstante extraordinario». Por su parte, Proust no dejará de insistir en la novedad del proyecto: no sólo su escrito no es fruto del asueto, dirá, sino que una enfermedad puede ocupar a un hombre todo su tiempo, y ser «tan absorbente, perentoria, fatigosa, corrosiva y más dura que cualquier profesión». Así, la obra adolecerá lamentablemente a sus ojos, debido a las escasas horas de trabajo con que cuenta «al año», de ese ingrediente temporal imprescindible para establecer las diversas posiciones que toda cosa, todo nombre, todo ser adopta con relación a otro en el transcurso de la vida, de modo que reconstruya en el Tiempo una magnitud equivalente a lo que en el espacio es, por oposición a la geometría plana, una geometría en el espacio, y puedan reaparecer de esta forma, no sólo los mismos personajes en distintos ciclos, como en Balzac, sino en cada uno de ellos ciertas impresiones profundas y casi inconscientes. Esta visión cíclica y sucesiva a la vez—de experiencias que retornan repetidamente pero sujetas al marco del Tiempo y, por lo tanto, con un aspecto, un volumen, un matiz y en una composición diferentes—hace que por efecto y desviación de la perspectiva estas mismas experiencias se revelen, como una ciudad vista desde el tren aparece a derecha o a izquierda según la dirección que tome la vía, muy diferentes y al principio hasta incomprensibles.

Para que la psicología adquiera esa dimensión temporal, debe aislarse la sustancia invisible del Tiempo y hacer la experiencia duradera; sólo por esta dislocación progresiva de los datos más nimios en diferentes mundos adquieren aquéllos significación y producen la sensación del tiempo pasado. Ahora bien, Proust insiste en que su propósito no es describir con detalles infinitesimales cada uno de estos conocimientos u objetos parciales, ni revestir de lirismo ese pequeño «fragmento» de verdad; su objetivo no es otro que reunir las distintas impresiones, los diversos «fragmentos», para tratar de restaurar el objeto, ya sea una vidriera, un rostro o un afecto. Tampoco busca recordar los días vividos, «enfermo como estoy, no me habría tomado la molestia de escribir»; ni analizar abstractamente un pensamiento, pues «lo que la inteligencia nos da del pasado no es él»; el pasado, por el contrario, se mantiene oculto tras la sensación que nos procura el objeto, y sólo del azar depende que se nos revele. «Yo he querido mostrar», «hacer vivir un pensamiento», porque la búsqueda de la verdad no es independiente del Tiempo. El libro en este sentido no reproduce una subjetividad (aunque esté narrado en primera persona), ni es un producto intelectual o abstracto. Sus menores elementos vienen suministrados por la sensibilidad, y es esencial a estas impresiones el hecho de que no nos pertenecen ni está en nuestro poder recrearlas; sólo el mundo de los posibles, el mundo del razonamiento lógico, puede reproducirse voluntariamente, pero por ello su elección es arbitraria. Lo que nos da del pasado «la memoria de la inteligencia y de los ojos», la memoria voluntaria, son aspectos rutinarios, sin verdad; en cambio un recuerdo involuntario, por tanto fortuito, un recuerdo formado por la atracción de un momento idéntico, y en consecuencia por una combinación de memoria y de olvido—porque la facultad de recordar no depende tanto de un instrumento de referencia como la memoria o el hábito, cuanto de un instrumento de búsqueda como el olvido—, tiene visos de autenticidad. Y porque además nos hace disfrutar de la misma sensación en una circunstancia distinta, la libera de cualquier contingencia y nos da la esencia extratemporal, es decir la verdad necesaria. A partir de este carácter fortuito e inevitable a la vez del recuerdo, en el que se liga espontaneidad a necesidad, casi a la manera de la percepción cartesiana del *Cogito*, podemos recomponer la estructura proustiana del Tiempo: del tiempo perdido, que es el tiempo vivido, todo aquel tiempo pasado que altera los seres y las cosas, pero también el tiempo que se pierde, ese tiempo empleado gratuitamente en alguna cosa; en este punto, aprender es recordar, y la memoria—aunque insuficiente—se revela aquí fundamental. Pero, a la vez, aprender es tener un presentimiento, de una realidad oculta que debe desvelarse, descifrarse, interpretarse, y en este sentido, bien por la imaginación o la memoria involuntarias, bien por la inteligencia «que viene después», aparece una nueva línea del tiempo: del tiempo recobrado, en el seno mismo del tiempo perdido, a través de la impresión sensible, así como de un tiempo recobrado absoluto, verdadera eternidad, a través de la producción artística. En este punto, la obra no mira hacia el pasado y el recuerdo, sino hacia el futuro y la creación.

La selección presente se ha realizado según esta doble concepción artística y exegética de la obra, como así reflejaría finalmente el título proustiano mediante la incorporación del término *recherche*, que vino a calificar de recreación única lo que en un principio se concibiera como dos momentos independientes (*Le Temps perdu* y *Le Temps retrouvé*). Ha sido por tanto inevitable una cierta alteración cronológica de los hechos narrados, no demasiado grave si se tiene en cuenta el propio «desorden» de *La Recherche*, así como una determinada relación unívoca—forzosa en toda estructuración conceptual, pero que bien podría haber sido otra—entre textos y temas. Eso no quita para que, de la aplicación de esta unidad ulterior a la diversidad temática que caracteriza los textos proustianos, se obtenga al final una vaga sensación de auténtica correspondencia.

El texto utilizado es el establecido bajo la dirección de Jean-Yves Tadié y publicado por Éditions Gallimard en la colección Folio.

M. M. D.

ABREVIATURAS

CS: *Du côté de chez Swann*
JF: *À l'ombre des jeunes filles en fleurs*
CG: *Le Côté de Guermantes*
SG: *Sodome et Gomorrhe*
LP: *La Prisonnière*
AD: *Albertine disparue*
TR: *Le Temps retrouvé*

CRONOLOGÍA

1871 18 de julio: nace en Auteuil (París) Marcel Proust, hijo primogénito del doctor Adrien Proust, Agregado de Medicina, y de Jeanne Weil, hija de un rico agente de bolsa judío.
1873 Nace su hermano Robert, futuro cirujano y profesor en la Facultad de Medicina.
1881 Primavera: primera crisis de asma, al volver del Bois de Boulogne.
1882 Ingreso en el Lycée Condorcet.
1887 Conoce a Marie de Benardaky en los Champs-Élysées. Pasa a la «clase de retórica».
1888 Sigue las clases de filosofía de Alphonse Darlu. Junto a sus colegas, editan *La Revue Verte* y *La Revue Lilas*.
1889 Bachillerato de Letras. Primeros pasos en los salones de Mme. Madeleine Lemaire y Mme. Arman de Caillavet, donde le presentan a Anatole France. Conoce a Charles Haas, principal modelo de Swann. Servicio militar como voluntario.
1890 Muere su abuela materna, Mme. Nathé Weil. Estancia en Cabourg. Proust se matricula en la Facultad de Derecho y en la Escuela Libre de Ciencias Políticas.
1891 Vacaciones en Cabourg. Conoce a Oscar Wilde.
1892 Caballero de honor en el matrimonio de una

prima y de H. Bergson. Primer número de *Le Banquet*, revista en la que Proust colabora junto a sus amigos Fernand Gregh, Daniel Halévy, Jacques Bizet, Louis de La Salle.

1893 Colaboración en *La Revue Blanche*. Conoce al conde de Montesquieu. Se licencia en Derecho y prepara una licenciatura en Letras.

1894 Inicio de su amistad con Reynaldo Hahn.

1895 Licenciatura de Letras. Proust frecuenta las veladas mundanas. En Kreuznach y Renania, con su madre. Viaje a Bretaña. Comienza el Jean Santeuil, novela que dejará inacabada y se publicará póstumamente. Amistad con Lucien Daudet.

1896 Publicación de *Los placeres y los días*, con prefacio de Anatole France.

1897 Segunda estancia en Kreuznach. Descubre a John Ruskin. Muerte de Alphonse Daudet.

1898 Toma partido en favor de la revisión del caso Dreyfus. Mme. Proust es operada de un cáncer.

1899 Estancia en Évian. Comienza los trabajos sobre Ruskin.

1900 Proust publica diversos estudios sobre Ruskin, así como la traducción de *La Biblia de Amiens*, con la ayuda de su madre y de Marie Nordlinger. Viaje a Italia con su madre, y unos meses después a Venecia. La familia deja el apartamento del bulevar Malesherbes y se traslada a la rue Courcelles.

1901 Veladas mundanas y sucesivas crisis de asma. Amistad con Antoine Bibesco y Bertrand de Fénelon. Visita a Amiens y Abbeville.

1902 Viaje a Brujas, para la exposición de los pintores flamencos, y a Holanda, donde descubre algunos cuadros de Hals y de Vermeer.

1903 Amistad con el duque de Guiche, el príncipe Radziwill, el marqués de Albufera y su querida, Louisa de Mornand. Estancia en Trouville, Évian, Chamonix... Muere el padre de Proust.

1904 Se publica la traducción de la *Biblia de Amiens*. Comienza la traducción de *Sésamo y los lirios*, de Ruskin. Crucero por las costas de Normandía.

1905 *Sobre la lectura*, futuro prefacio de *Sésamo y los lirios* (texto que anuncia a la vez el *Contra Saint-Beuve* y *Du côté de chez Swann*). Muere la madre de Proust. Dos meses después, él ingresa en una clínica en Boulogne, donde permanecerá seis semanas.

1906 Se publica la traducción de *Sésamo y los lirios*. Estancia en Versalles. Proust se traslada al número 102 del bulevar Haussmann, antiguo piso de su tío-abuelo, Louis Weil.

1907 Comienza a escribir de nuevo, tras un año de duelo. Artículo en *Le Figaro*: «Sentimientos filiales de un parricida». Vacaciones en Cabourg, donde volverá todos los veranos hasta 1914.

1908 Verdadero inicio de *La Recherche*. Aparición en *Le Figaro* de pastiches sobre el caso Lemoine. Proyecto de un estudio sobre Saint-Beuve.

1909 Continúa trabajando en el proyecto sobre Saint-Beuve, a la vez ensayo y relato, que desembocará en *La Recherche*. Manda imprimir el comienzo del primer capítulo, futuro «Combray», y decide aislarse hasta finalizar su obra. El proyecto Saint-

Beuve se interrumpe. Envía su manuscrito al *Figaro*.

1910 Enfermedad y trabajo. Comienza *Un amor de Swann*. Actuación de los Ballets Rusos. El *Figaro* rechaza su manuscrito. Estancia en Cabourg. De nuevo en París, manda tapizar su habitación para aislarla del ruido.

1912 La novela, titulada *Las intermitencias del corazón*, constaría de dos volúmenes de setecientas páginas, *Le Temps perdu* y *Le Temps retrouvé*. Fasquelle y Gallimard rechazan *Le Temps perdu*.

1913 Paul Ollendorff rechaza igualmente la novela. Proust negocia una edición a cuenta del autor en Grasset. Matrimonio de Odilon Albaret, chófer de Proust, y Céleste Gineste, quien permanecerá a su servicio hasta su muerte. Proust corrige las pruebas. La novela pasará a constar de tres volúmenes, bajo el título general de *À la recherche du temps perdu*. Agostinelli se convierte en su secretario y se instala en casa de Proust junto a su compañera, Ana. Aparece *Du côté de chez Swann*. Se reeditarán varias impresiones antes de la guerra. Huida repentina de Agostinelli.

1914 Jacques Rivière, secretario de la *NRF*, es uno de los primeros en comprender el sentido de *La Recherche*, y convence a los editores para publicar la continuación de la obra. Agostinelli muere pilotando una avioneta. Proust corrige las pruebas del segundo volumen, con el título de *Le Côté de Guermantes*. Última estancia en Cabourg. Retirado, Proust sigue trabajando en su novela, e introduce todo el «relato de Albertina». Muere Bertrand de Fénelon.

1916 Gide le ofrece publicar el resto de la obra en Éditions de la *NRF*. Grasset devuelve los derechos a Proust. Amistad con Cocteau, Lacretelle, Paul Morand. Escribe *Sodome et Gomorrhe,* e introduce la guerra en *Le Temps retrouvé.*

1917 Suicidio de Bibesco en Londres. Corrección de las pruebas de *Du côté de chez Swann* y de *À l'ombre des jeunes filles en fleurs* para *NRF.*

1918 Bombardeo de París, descrito en *Le Temps retrouvé.* Intensa vida mundana. Percance en su salud: leve afasia y parálisis facial. Proust prevee ya seis volúmenes para su novela.

1919 Obligado a abandonar su apartamento del bulevar Haussmann, se instala en casa de la actriz Réjane por unos meses. De ahí se trasladará al número 44 de la calle Hamelin, cerca de L'Étoile, donde permanecerá hasta su muerte. Se publica *À l'ombre des jeunes filles en fleurs* y *Pastiches et mélanges,* una recopilación de artículos desde 1900 a 1909. *À l'ombre des jeunes filles en fleur* obtiene el premio Goncourt. Una parte de la crítica discute la elección. Proust corrige las pruebas de *Le Côté de Guermantes.*

1920 Artículo en *NRF*: «Acerca del "estilo" de Flaubert». Es nombrado caballero de la Legión de Honor. Proust aspira a la Academia Francesa. Publicación de *Le Côté de Guermantes.*

1921 Aparecen *Le Côté de Guermantes II* y *Sodome et Gomorrhe I.* Agravamiento de su enfermedad duran-

te una visita a la exposición de pintores holandeses en el Jeu de Paume. «Acerca de Baudelaire», en la *NRF*. Intoxicación por un medicamento.
1922 Impresión de *La Prisonnière,* aún titulado *Sodome et Gomorrhe II*. Según Céleste, Proust ha escrito ya la palabra «fin»: «Ahora, ya puedo morir». Nuevo envenenamiento. Aparece *Sodome et Gomorrhe II*. Proust conoce a Picasso, Stravinski y Joyce en una cena en el Ritz. Su salud se deteriora, a causa de una bronquitis mal curada. Muere de pulmonía el 18 de noviembre.
1923 Publicación de *La Prisonnière*.
1925 *Albertine disparue*.
1927 *Le Temps retrouvé* y *Chroniques*.
1935 Muere Robert Proust.
1952 Publicación de *Jean Santeuil*, a cargo de B. de Fallois.
1954 Publicación del *Contre Saint-Beuve*, al cuidado del mismo Fallois.
1987 La obra de Proust pasa a ser de dominio público.

DE LA IMAGINACIÓN
Y DEL DESEO

I. HISTORIA DE UN APRENDIZAJE

1. UNIDAD DE «LA RECHERCHE»: EL MUNDO COMO UN SISTEMA DE SIGNOS

Méséglise y Guermantes, los dos caminos de una «formación»

Había en los alrededores de Combray dos «lados» para nuestros paseos, y tan opuestos que no salíamos efectivamente de casa por la misma puerta según quisiéramos ir por un lado u otro: el camino de Méséglise-la-Vineuse, que llamábamos también el camino de Swann, porque para ir por allí pasábamos junto a la propiedad de monsieur Swann, y el camino de Guermantes. A decir verdad, de Méséglise-la-Vineuse nunca conocería más que el «camino» y gente de fuera que venía el domingo a pasear a Combray [...]. En cuanto a Guermantes, un día llegaría a conocerlo bien, pero sólo mucho más tarde; pues durante toda mi adolescencia, si Méséglise era para mí algo tan inaccesible como el horizonte, sustraído a la vista, por lejos que fuéramos, a través de los repliegues de un terreno que ya no se asemejaba al de Combray, Guermantes sólo se me apareció como el término más ideal que real de su propio «camino», una suerte de expresión geográfica abstracta como la línea del ecuador, el polo u oriente. Por eso, «tomar por Guermantes» para ir a Méséglise, o hacer lo contrario, me habría parecido una expresión tan desprovista de sentido como tomar por el este para ir hacia el oeste. Dado que mi padre hablaba siempre del camino de Méséglise como de la llanura más hermosa que conocía, y del camino de Guermantes como del clásico paisaje de río, yo les daba, al concebirlos cual dos entidades, aquella cohesión y unidad que sólo pertenecen a las creaciones de nuestro espíritu. [...] Pero sobre todo interponía entre ambos, además de su distancia kilométrica, la distancia que había entre las dos partes de mi cerebro cuando pensaba en ellos, una de esas distancias en el espíritu que no sólo alejan, sino que separan y sitúan en distinto plano. [CS 132-133]

Cuando trato de revisar lo que debo al lado de Méséglise, los humildes descubrimientos de que fue marco fortuito o necesario inspirador, recuerdo que durante aquel otoño, en uno de esos paseos, junto a la escarpa llena de maleza que protege Montjouvain, me sorprendió por primera vez el desacuerdo entre nuestras impresiones y su expresión habitual. [...] Y en ese momento aprendí también que las mismas emociones no se producen simultáneamente y según un orden preestablecido en todos los hombres. [...] A veces, a la exaltación que me daba la soledad, se añadía otra que yo no sabía delimitar claramente, ocasionada por el deseo de ver surgir ante mí a una moza que pudiera estrechar entre mis brazos. [...] Sucedía además—como sucede en esos momentos de ensoñación en medio de la naturaleza, donde la acción del hábito queda suspendida, nuestras ideas abstractas de las cosas alejadas, y confiamos plenamente en la originalidad y en la vida individual del lugar donde nos hallamos—que la mujer que pasaba y despertaba mi deseo no me parecía un ejemplar cualquiera del tipo general: la mujer, sino un producto necesario y natural del suelo aquel. Pues en ese tiempo todo cuanto no era yo, la tierra y los seres, me parecía más valioso, más importante, y dotado de una existencia más real de lo que parece a la gente adulta. Yo no separaba la tierra de los seres. Sentía deseos por una paisana de Méséglise o de Roussainville, o por una pescadora de Balbec, como sentía deseos por Méséglise o por Balbec. El placer que ellas podían darme me habría parecido menos cierto, no habría creído en él, si hubiera modificado a mi antojo las condiciones. [...] Eso habría sido sustraer del placer que la mujer iba a darme aquellos otros con que la envolvía mi imaginación. [...] La muchacha que yo veía rodeada de hojarasca era a su vez para mí como una planta local de una especie más elevada solamente que las demás y cuya estructura permite acceder, más de cerca que en las otras, al sabor profundo de la zona. Me resultaba tanto más creíble [...] debido a que yo estaba en esa edad en que todavía no hemos abstraído el placer de poseer de las diferentes mujeres que nos lo ofrecieron, aún no lo hemos reducido a una noción general que las convierte en instrumentos intercambiables de un placer siempre idéntico. Ni siquiera existe, aislado, separado y formulado en la mente, como el objetivo que perseguimos al acercarnos a una mujer, o como la razón de la turbación previa que sentimos. Apenas si pensamos en él como en un placer que ha de venir; más bien lo consideramos un encanto de ella; pues no se piensa en uno mismo, sino únicamente en salir de sí.   [CS 153-155]

[...] En mis paseos por el lado de Guermantes sentí con más tristeza que nunca antes carecer de disposiciones para escribir y tener que renunciar a ser algún día un escritor célebre. [...] Entonces, muy alejado de esas preocupaciones literarias y al margen de ellas, de pronto un tejado, un reflejo de sol sobre una piedra o el olor de un camino me hacían detenerme por el placer particular que me causaban, y también porque parecía que ocultaban más allá de lo que yo veía algo que invitaban a recoger y que pese a mis esfuerzos no acertaba a descubrir. [...] Me empeñaba en recordar exactamente la silueta del tejado o el matiz de la piedra, que sin saber por qué me parecían rellenos, a punto de abrirse y entregarme aquello de lo que no eran sino una cubierta. Claro que impresiones de esa clase no podían restituirme la esperanza perdida de poder ser un día escritor y poeta, pues se referían siempre a un objeto particular desprovisto de valor intelectual y sin relación a ninguna verdad abstracta. Pero al menos me daban un placer irreflexivo, la ilusión de una suerte de fecundidad, y por ello me distraían de la tristeza y del sentimiento de impotencia que experimentaba cada vez que buscaba un asunto filosófico para una gran obra literaria. Mas el deber de consciencia que me imponían esas impresiones de forma, de aroma o de color—de intentar descubrir lo que se ocultaba tras ellas—era tan arduo, que en seguida me daba a mí mismo excusas para evitarme el esfuerzo y ahorrarme ese cansancio. [CS 177]

Del lado de Guermantes aprendí a distinguir esos estados que se suceden en mí, durante ciertas épocas, y llegan incluso a repartirse cada jornada, uno viniendo a echar al otro con la puntualidad de la fiebre; contiguos, pero tan ajenos entre sí, tan faltos de cualquier medio de comunicación, que no puedo siquiera comprender, como tampoco representarme, en uno, lo que he deseado, temido o realizado en el otro.

Igualmente el camino de Méséglise y el camino de Guermantes están para mí unidos a muchos acontecimientos insignificantes de aquella vida de cuantas vivimos paralelamente que es la más plena en peripecias y la más rica en episodios, quiero decir la vida intelectual. [...] Pero pienso sobre todo en Méséglise y en Guermantes como en los yacimientos profundos de mi suelo mental, aquellos terrenos firmes donde todavía me apoyo. Porque mientras andaba por ellos creía en las cosas y en los seres, las cosas y los seres que me dieron a conocer entonces son los únicos que aún me tomo en serio y que me regocijan. Ya porque el instinto creador en mí sea ciego, ya porque la realidad no se forme más que en la memoria [...]. Pero, por eso mismo, al estar presentes en aquellas de mis impresiones actuales con las que se relacionan, les dan cimiento y profundidad, una dimensión más que a las otras. Les añaden, además, un encanto y un significado que sólo existen para mí.

[CS 181-183]

Más allá de la memoria, el desciframiento

A la vuelta de un camino sentí de repente ese placer especial, que no se parecía a ningún otro, de ver los dos campanarios de Martinville bañados por el sol poniente y que parecían cambiar de lugar por el movimiento de nuestro coche y los zigzags del camino [...]. Al fijarme en la forma de su capitel, en el desplazamiento de sus líneas y en su soleada superficie, sentía que no llegaba hasta el fondo de mi impresión, que detrás de aquel movimiento, de aquella claridad, había algo que parecían contener y ocultar a la vez. [...] En cuanto sus líneas y sus soleadas superficies se desgarraron, como si no fueran sino una suerte de corteza, algo de lo que en ellas se me ocultaba surgió, tuve una idea que no existía para mí el instante anterior y que se formuló en palabras en mi mente.

[CS 177-178]

———

Acababa de ver, a un margen del escarpado camino que seguíamos, tres árboles que debían de servir de entrada a una alameda, cuya figura no veía por primera vez, pero tampoco podía reconocer el lugar de donde parecían separados, si bien sentía que me fue familiar tiempo atrás; de suerte que mi espíritu parecía haber tropezado entre algún año lejano y el momento actual, haciendo vacilar los alrededores de Balbec, hasta el punto de preguntarme si todo aquel paseo no sería una ficción [...].

Miraba los tres árboles, los veía perfectamente, pero mi espíritu sentía que ocultaban algo que no podía aprehender [...]. Yo reconocía esa clase de placer que requiere, es cierto, un determinado trabajo del pensamiento sobre sí mismo, pero que comparado a las satisfacciones de la pereza que le lleva a uno a renunciar, éstas parecen muy mediocres. Ese placer, cuyo objeto sólo presentía y que debía crear yo mismo, lo experimentaba raras veces [...]. Con mi pensamiento concentrado, intensamente controlado, di un salto hacia los árboles, o mejor dicho en aquella dirección interior donde los veía en mí mismo. Sentí de nuevo tras ellos el mismo objeto conocido pero vago que no pude atraerme. [...] Los vi más bien como fantasmas del pasado, buenos compañeros de mi infancia, amigos desaparecidos que invocaban nuestros recuerdos comunes. Como si fueran sombras, me sugerían llevármelos conmigo y devolverles la vida [...].

Aquel camino [...] sería después para mí un motivo de alegrías, permaneciendo en mi memoria como un jalón al que vendrían a empalmar sin solución de continuidad todos los caminos parecidos que recorriera en adelante durante un paseo o un viaje, pudiendo gracias a él comunicar inmediatamente con mi corazón.   [JF 285-288]

El arte de la interpretación (contra el saber abstracto)

Saint-Loup, el militar

[...] »—En el relato de un narrador militar, los hechos más nimios, los acontecimientos más insignificantes, son sólo signos de una idea que ha de descubrirse y que a menudo encubre otras, como en un palimpsesto. De modo que dispones de un conjunto tan intelectual como el de una ciencia o un arte cualesquiera, y satisfactorio al espíritu. [...] Más allá de su objetivo inmediato, las maniobras militares están de ordinario, en el espíritu del general que dirige la campaña, calcadas de batallas más antiguas, que son, si tú quieres, como el pasado, la biblioteca, la erudición, la etimología o la aristocracia de las batallas nuevas. Observa que no hablo en este momento de la identidad local, cómo te diría, espacial de las batallas. Aunque también existe. Un campo de batalla no ha sido ni será en el curso de los siglos más que el campo de una sola batalla. Si fue campo de batalla, es porque reunía determinadas condiciones de situación geográfica, de naturaleza geológica, de defectos incluso propios para burlar al adversario (como que un río lo atraviese) que hacían de él un buen campo de batalla. Y si lo fue, lo seguirá siendo. No se hace de una habitación cualquiera un taller de pintura, como tampoco un campo de batalla de cualquier lugar. Hay zonas predestinadas. Pero, una vez más, no me refería a esto, sino al tipo de batalla que se imita, a una especie de calco estratégico, de remedo táctico, si quieres: la batalla de Ulm, de Lodi, de Leipzig, de Cannes. No sé si seguirá habiendo guerras ni entre qué pueblos, pero si las hay, ten la seguridad de que habrá (y conscientemente por parte del jefe) un Cannes, un Austerlitz, un Rossbach, un Waterloo, sin hablar de las demás. [...]

»—Me dices que algunas batallas se calcan. Encuentro estético en efecto, como decías, ver bajo una batalla moderna otra más antigua, no sabes cuánto me agrada esta idea. Pero entonces, ¿el genio del jefe no es nada? [...]

»—¡Ya lo creo que sí! Verás que Napoleón no atacaba cuando todas las reglas indicaban que atacase, sino que una oscura adivinación se lo desaconsejaba. Fíjate, por ejemplo, en Austerlitz o, en 1806, en sus instrucciones a Lannes. En cambio, verás a otros generales imitar escolásticamente una maniobra de Napoleón y llegar a un resultado diametralmente opuesto. Hay diez ejemplos de esto en 1870. Pero incluso para la interpretación de lo que *puede* hacer el adversario, lo que hace es sólo un síntoma que puede significar muchas cosas diferentes. Cada una de ellas tiene las mismas posibilidades de ser cierta, si uno se atiene al razonamiento y a la ciencia, como en algunos casos complejos toda la ciencia médica no bastará para decidir si el tumor invisible es fibroso o no, si debe o no operarse. Es el olfato, la adivinación... lo que decide en el gran general, como en el gran médico. [...]

»Quizá me equivoque, incluso, al hablarte sólo de la literatura bélica. En realidad, así como la constitución del suelo o la dirección del viento y de la luz indican de qué lado va a crecer un árbol, las condiciones en las que se efectúa una campaña y las características de la zona en donde se maniobra dirigen en cierta forma y limitan los planes entre los que puede elegir el general. De suerte que a lo largo de las montañas, en una cadena de valles y sobre determinadas planicies puede predecirse casi con ese cáracter necesario y excelso de las avalanchas el avance de los ejércitos. [CG 102-107]

Norpois, el diplomático

Puede uno burlarse de la pedantesca simpleza con que los diplomáticos como monsieur de Norpois se extasían ante una palabra oficial prácticamente insignificante. Pero esa puerilidad tiene su contrapartida: los diplomáticos saben que, en la balanza que asegura ese equilibrio, europeo o cualquier otro, llamado la paz, los buenos sentimientos, los discursos hermosos o las súplicas pesan muy poco; y que el peso decisivo, el verdadero, el determinante, consiste en otra cosa, en la posibilidad que el adversario tiene, si es lo bastante fuerte, o no tiene de satisfacer, por medio de un intercambio, un deseo. Monsieur de Norpois y el príncipe Von *** se habían enfrentado con frecuencia a ese orden de verdades que una persona completamente desinteresada como mi abuela, por ejemplo, no habría comprendido. Diplomático en países con los que habíamos estado al borde de la guerra, monsieur de Norpois, ansioso por el sesgo que adquirirían los acontecimientos, sabía perfectamente que no le vendrían indicados por la palabra «Paz», o por la palabra «Guerra», sino por otra cualquiera, en apariencia trivial, terrible o bendita, que el diplomático sabría leer de inmediato con ayuda de su clave, y a la que, para salvaguardar la dignidad de Francia, contestaría con otra palabra igualmente trivial pero bajo la que el ministro de la nación enemiga vería al punto: Guerra. E incluso, según una antigua costumbre, análoga a aquella que daba al primer encuentro entre dos prometidos la forma de una entrevista fortuita en una representación del teatro del Gimnasio, el diálogo donde el destino dictaría la palabra «Guerra» o la palabra «Paz» no se desarrollaba por lo general en el gabinete del ministro, sino en el banco de un *Kurgarten* donde el ministro y monsieur de Norpois acudían a beber, en el nacimiento de unas fuentes termales, pequeños vasos de un agua curativa. Por una suerte de convención tácita, coincidían a la hora de la cura, dando primero juntos un corto paseo que, bajo su apacible apariencia, los dos interlocutores sabían tan trágico como una orden de movilización. [CG 250-251]

Cotard, el médico

En la enfermedad nos damos cuenta de que no vivimos solos, sino encadenados a un ser de un reino distinto, del que nos separan abismos, que no nos conoce y por quien es imposible hacernos comprender: nuestro cuerpo. [...] Si los mórbidos fenómenos de que su cuerpo era teatro, permanecían oscuros e inasibles para el pensamiento de mi abuela, eran claros e inteligibles para algunos seres que pertenecen al mismo reino físico que ellos, seres de ésos a quienes el espíritu humano ha acabado por dirigirse para comprender lo que dice su cuerpo, como ante las respuestas de un extranjero va uno a buscar a alguien de su mismo país para que sirva de intérprete. Ellos pueden hablar con nuestro cuerpo, decirnos si su cólera es grave o si aplacará pronto. [...]

Los días en que el nivel de albúmina había sido muy elevado, Cotard, tras un titubeo, descartaba la morfina. En este hombre tan insignificante y anodino había, en esos breves momentos de deliberación, donde los peligros de un tratamiento u otro se confrontaban en él hasta que se decidía por uno, la clase de grandeza de un general que, vulgar el resto del tiempo, es un gran estratega, y en un momento de peligro, después de haber reflexionado un instante, se decide por lo que militarmente es más sensato y dice: «Recto hacia el Este».

[CG 288-312]

El signo como jeroglífico

[...] Me daba cuenta de que, de otra manera, y ya en Combray por el camino de Guermantes, ciertas impresiones oscuras incitaron a mi pensamiento a la manera de aquellas reminiscencias, pero que ocultaban no una sensación de otro tiempo, sino una verdad nueva [...], y sentía que acaso había bajo aquellos signos algo distinto que yo había de descubrir, una idea que ellos traducían, como esos caracteres jeroglíficos que uno creería que representan solamente objetos materiales. Desde luego el desciframiento era difícil, pero sólo eso daba alguna verdad que leer. Pues las verdades que la inteligencia capta directamente y con toda claridad en el mundo, a plena luz, son menos profundas y menos necesarias que las que la vida nos comunica espontáneamente en una impresión, material porque ha entrado por nuestros sentidos, pero de la que podemos desprender el espíritu. En suma, en un caso y otro, ya fueran impresiones como la que me produjo la visión de los campanarios de Martinville, o reminiscencias como la de la irregularidad de las losas o el sabor de la magdalena, se trataba de interpretar las sensaciones como los signos de otras tantas leyes e ideas, procurando pensar, es decir sacar de la penumbra lo que había sentido y convertirlo en un equivalente espiritual. [TR 184-185]

La figura a la que monsieur de Charlus aplicaba con tanta contención todas sus facultades espirituales, y que a decir verdad no era de aquellas que suelen estudiarse *more geometrico,* era la que trazaban las líneas del rostro del joven marqués de Surgis; monsieur de Charlus estaba ante ella tan profundamente absorbido como si se tratara de un laberinto, una adivinanza o algún problema de álgebra cuyo enigma intentaba dilucidar o deducir su fórmula. Ante él, los signos sibilinos y las figuras inscritas sobre esa tabla de la ley parecían el jeroglífico que permitiría al viejo hechicero averiguar en qué dirección se orientaba el destino del mancebo. [SG 88]

2. PLURALIDAD DE «LA RECHERCHE»: DISTINTOS MUNDOS DE SIGNOS

La mundanidad (formalismo y vacuidad del signo)

Madame de Cambremer trataba de distinguir el atavío de las dos primas [Guermantes] [...]. En mi caso, no dudaba que esos trajes les fueran exclusivos, no solamente en el sentido en que la librea de solapa roja o de reverso azul perteneció antaño exclusivamente a los Guermantes y a los Condé, sino más bien como para un pájaro el plumaje no es sólo un ornato de su belleza sino una prolongación de su cuerpo. El atuendo de esas dos mujeres me parecía como una materialización nívea o matizada de su actividad interior, y, al igual que los ademanes que viera hacer a la princesa de Guermantes no dudaba que correspondían a una idea oculta, las plumas que caían sobre la frente de la princesa y el brillante corpiño de lamé de su prima parecían tener una significación, ser para cada una de las dos mujeres un atributo exclusivo de ellas, y cuyo significado me habría gustado conocer. [CG 51]

Aquella noche, al ver a Saint-Loup sentado a la mesa con su capitán, pude discernir fácilmente incluso por los modales y la elegancia de cada uno de ellos la diferencia que había entre la aristocracia de la antigua nobleza y la del Imperio. Nacido de una casta cuyos defectos, aunque los repudiara con su inteligencia, habían pasado a su sangre, y que, por haber dejado de ejercer una autoridad real hacía al menos un siglo, no ve ya en la amabilidad protectora que forma parte de la educación recibida más que un ejercicio como la equitación o la esgrima, cultivado sin un objetivo serio, sólo por diversión, ante los burgueses a quienes esa nobleza desprecia lo suficiente para creer que su familiaridad los halaga y que su descortesía les honraría, Saint-Loup daba amistosamente la mano a cualquier burgués que le presentaran y de quien seguramente no había oído el nombre y, mientras hablaba con él (sin dejar de cruzar y descruzar las piernas, reincorporándose en su asiento, en una actitud de abandono y con la mano sobre el pie), lo llamaba «querido». Por el contrario, de una nobleza cuyos títulos conservaban aún su significado, dotados como estaban de ricos mayorazgos en reconocimiento a los gloriosos servicios y en honor al recuerdo de las altas funciones desde las que se dirige a muchos hombres, y donde es preciso conocerlos bien, el príncipe de Borodino—si no distintamente y en su consciencia personal y clara, lo revelaba al menos en su cuerpo por sus actitudes y sus modales—consideraba su rango como una prerrogativa efectiva; a los mismos plebeyos a quienes Saint-Loup habría dado una palmada en el hombro y cogido del brazo, él se dirigía con una afabilidad majestuosa, en la que una reserva llena de grandeza temperaba la sonriente bonachonería que le era natural, con un tono a la vez de sincera indulgencia e intencionada altanería. Esto se debía sin duda a que estaba menos alejado de las grandes embajadas y de la corte, donde su padre había desempeñado los más altos cargos, y donde los modales de Saint-Loup, el codo sobre la mesa y la mano en el pie habrían sido mal acogidos; pero sobre todo a que en realidad despreciaba menos a la burguesía, por ser el depósito del cual el primer emperador extrajo a sus mariscales y a sus nobles, y en donde el segundo había hallado a un Fould o a un Rouher.

Hijo o nieto de emperador, y sólo con un escuadrón bajo su mando, sin duda las preocupaciones de su padre y de su abuelo no podían, a falta de objetos sobre los que aplicarse, sobrevivir realmente en el pensamiento del señor de Borodino. Pero como el espíritu de un artista continúa modelando aún muchos años después de su desaparición la estatua que esculpió, esas preocupaciones habían tomado cuerpo en él, se habían materializado, encarnado, y eran ellas lo que su rostro reflejaba. Con la vivacidad en la voz del primer emperador dirigía un reproche a un brigadier, como con la melancólica ensoñación del segundo exhalaba la bocanada de humo de un cigarrillo. [CG 122-123]

El amor (individualización por el signo)

A falta de la contemplación del geólogo, yo tenía al menos la del botánico y, por los pernichos de la escalera observaba el pequeño arbusto de la duquesa y la hermosa planta del patio con esa insistencia que se emplea para hacer salir a los jóvenes casaderos, preguntándome si el improbable insecto vendría a visitar, por un azar providencial, el pistilo expuesto y desprotegido. [...] Las leyes del mundo vegetal se rigen a su vez por leyes superiores. Si para fecundar una flor se requiere normalmente de la visita de un insecto, es decir del concurso de otra flor, es porque la autofecundación, la fecundación de la flor por sí misma, al igual que los matrimonios entre miembros de una misma familia, comportaría la degeneración y la esterilidad, mientras que el cruce realizado por los insectos dota a las generaciones sucesivas de la misma especie de un vigor desconocido por sus antecesores. No obstante, este vigor puede resultar excesivo, y la especie desarrollarse desmesuradamente; entonces, como una antitoxina protege contra la enfermedad, como la tiroides regula nuestra obesidad, como el fracaso viene a castigar nuestro orgullo, o la fatiga el placer, y como el sueño nos descansa a su vez de la fatiga, así un acto excepcional de autofecundación viene en el momento justo a dar una vuelta de tuerca, a echar el freno, haciendo volver a la norma a la flor que se había salido exageradamente de ella. Mis reflexiones siguieron un trayecto que describiré más tarde, y yo había deducido ya del aparente ardid de las flores una conclusión sobre todo un aspecto inconsciente de la obra literaria, cuando vi que monsieur de Charlus salía de casa de la marquesa. [...] Guiñando los ojos contra el sol, daba la impresión de que sonreía, y en su figura vista así, relajada y natural, había algo tan entrañable y desprotegido que no pude menos que pensar en la rabia que monsieur de Charlus habría sentido de saberse observado; pues aquel hombre tan apasionado, que tanto presumía de virilidad y que consideraba a todo el mundo odiosamente afeminado, me hacía pensar de pronto—hasta ese punto lo eran, efímeramente, sus rasgos, su expresión y su sonrisa—¡en una mujer! Iba a ocultarme de nuevo para que no pudiera verme, pero no tuve tiempo, ni fue necesario. ¡Lo que llegué a ver! Ante él, en aquel patio donde seguramente nunca antes se habían encontrado (ya que monsieur de Charlus iba a la residencia de los Guermantes sólo a primera hora de la tarde, y en ese tiempo Jupien estaba en su taller), el barón abrió súbitamente sus ojos entornados, observando con una atención extraordinaria al viejo sastre ante el umbral de su tienda, mientras éste, clavado en su sitio por la inesperada presencia de monsieur de Charlus, y enraizado como una planta, contemplaba extasiado la corpulencia del envejecido barón. [...] Cada vez que monsieur de Charlus miraba a Jupien, se las arreglaba para que una palabra acompañase a su mirada, algo que la hacía infinitamente distinta de las miradas dirigidas a otra persona, conocida o no; [...] Así, cada dos minutos, la furtiva mirada del barón parecía que planteaba intensamente una misma pregunta a Jupien, como esas frases interrogativas de Beethoven repetidas indefinidamente a intervalos iguales y destinadas—con un lujo exagerado de preparaciones—a introducir un nuevo motivo, un cambio de tono o una «entrada». Pero precisamente la belleza de las miradas de monsieur de Charlus y de Jupien procedía en cambio de que, provisionalmente al menos, esas miradas no parecían destinadas a nada concreto. Era la primera vez que aquella belleza se manifestaba en el barón y en Jupien. En los ojos de ambos acababa de abrirse, no el cielo de Zúrich, sino el de alguna ciudad oriental cuyo nombre yo no había adivinado aún. Cualquiera que fuese el asunto que retuvo a monsieur de Charlus y al sastre, su acuerdo parecía zanjado y las inútiles miradas tan sólo preludios rituales, similares a las fiestas que preceden a un matrimonio pactado. O, más próximo aún de la naturaleza—y la multiplicidad de estas comparaciones es tanto más natural cuanto que un hombre, si se examina durante unos minutos, parece sucesivamente un hombre, un hombre-pájaro o un hombre-insecto, etc.—, diríase dos pájaros, el macho y la hembra. [...]

La puerta de la tienda se cerró tras ellos y no pude oír ya nada más. Había perdido de vista al moscardón, no sabía si era ése el insecto que necesitaba la orquídea, pero no dudaba ya de la posibilidad milagrosa de que un insecto muy raro y una flor cautiva se ayuntaran, desde el momento en que monsieur de Charlus [...], que desde hacía años sólo venía a esta casa a las horas en que Jupien no estaba, por el azar de una indisposición de madame de Villeparisis había coincidido con el sastre, y con él la buena fortuna que a los hombres del género del barón reserva uno de esos seres que, como veremos, pueden ser hasta infinitamente más jóvenes y más bellos que Jupien, el hombre predestinado para que puedan hallar su parte de placer en este mundo: aquél a quien sólo le gustan los señores maduros. Lo que acabo de decir, por lo demás, es algo que sólo comprendería pasados unos minutos; hasta ese punto se adhieren a la realidad esas propiedades de ser invisible, mientras una circunstancia no la prive de ellas. [SG 3-9]

Las impresiones o cualidades sensibles (desarrollo del signo)

Hacía ya varios años que, de Combray, no existía para mí más que el escenario y el drama de acostarme, cuando un día de invierno, al verme entrar en casa, mi madre vio que tenía frío y me propuso que tomara, contra mi costumbre, un poco de té. Al principio no quise, y no sé por qué cambié de opinión. Mandó a buscar uno de esos dulces compactos y abultados llamados magdalenas que parecen moldeados en la valva estriada de una concha de Saint-Jacques. Y maquinalmente, abatido por la sombría jornada y la triste perspectiva del día siguiente, me acerqué a los labios una cucharada del té donde dejé ablandarse un pedazo de magdalena. Pero en el mismo momento en que el sorbo mezclado con las migas del dulce rozó mi paladar, me estremecí, atento a lo que de extraordinario ocurría en mí. Me había invadido un placer delicioso, aislado, sin la noción de su causa, que volvió indiferentes las vicisitudes de la vida, inofensivos sus desastres, ilusoria su brevedad, de la misma manera que obra el amor, llenándome de una esencia preciosa; o, más que venir a mí, esa esencia era yo mismo. Dejé de sentirme mediocre, contingente, mortal. ¿De dónde procedería aquella intensa alegría? Sentía que iba unida al sabor del té y del dulce, pero que lo rebasaba infinitamente, no debiendo ser de la misma naturaleza. ¿De dónde venía? ¿Qué significaba? ¿Dónde aprehenderla? Bebo un segundo sorbo [...]. Es evidente que la verdad que busco no está en el brebaje, sino en mí. Aquél la ha despertado, pero no la conoce, y no puede sino repetir indefinidamente, con menos fuerza cada vez, el mismo testimonio que yo no sé interpretar y que quiero al menos pedirle de nuevo y recuperar ahora intacto y a mi disposición para una aclaración definitiva. Dejo la taza y me vuelvo a mi espíritu. A él corresponde dar con la verdad. ¿Pero cómo? Grave incertidumbre, siempre que el espíritu se siente rebasado por sí mismo; cuando él, el buscador, es conjuntamente el oscuro país donde ha de buscar y donde todo su bagaje de nada le servirá. ¿Buscar? No únicamente; crear. Está ante una cosa que no existe aún y que sólo él puede realizar e introducir en su campo visual. Me pregunto de nuevo por ese estado desconocido, que no me daba ninguna prueba lógica sino sólo la evidencia de su felicidad, de su realidad, ante la cual los demás se disipaban. [...]

Y de pronto surge el recuerdo. Ese sabor era el del pedazo de magdalena que mi tía Leoncia me ofrecía, después de haberla mojado en su infusión de té o de tila, el domingo por la mañana en Combray (porque ese día yo no salía antes de la hora de misa), cuando iba a su habitación a darle los buenos días. La visión de la magdalena no me recordó nada antes de haberla probado [...]; las formas—también la del pequeño dulce de pastelería, tan grasamente sensual, bajo su plisado rígido y devoto—se habían esfumado, o, adormecidas, habían perdido la fuerza de expansión que les habría posibilitado acceder a la consciencia. Mas cuando ya nada subsiste de un pasado remoto, tras la muerte de los seres y la destrucción de las cosas, el olor y el sabor, aislados, más frágiles pero también más vivos, más inmateriales, persistentes y fieles, se mantienen en el recuerdo por mucho tiempo aún, como si fueran almas, y aguardan sobre las ruinas de todo lo demás, cargando sin doblegarse, en su gota casi impalpable, el inmenso edificio del recuerdo. [...] Y, como en ese juego en que los japoneses se entretienen en echar en un bol de porcelana lleno de agua papelitos indistintos que, al hundirse, comienzan a estirarse, adquieren forma, se colorean, se diferencian, y se transforman en flores, casas o personajes consistentes y reconocibles, así ahora todas las flores de nuestro jardín y las del parque de monsieur Swann y los nenúfares del Vivonne y la gente del pueblo y sus pequeñas casas y la iglesia y todo Combray y sus alrededores, todo cuanto cobraba forma y solidez, pueblo y jardines, surgía de mi taza de té.   [CS 45-47]

El arte (el sentido del signo)

En vez de expresiones abstractas como «el tiempo en que era feliz» o «el tiempo en que me amaban», que tantas veces se había dicho [Swann] antes sin sufrir demasiado, pues su inteligencia sólo había retenido del pasado supuestos extractos sin contenido, se encontró con toda aquella felicidad perdida cuya específica y volátil esencia había fijado para siempre; lo revivió todo [...], toda la red de hábitos mentales, de impresiones periódicas, de reacciones cutáneas que habían tejido en unas semanas una malla uniforme donde su cuerpo se hallaba preso. [...] Y Swann vio, inmóvil ante esa felicidad revivida, a un desdichado que le dio lástima porque no lo había reconocido inmediatamente, a pesar de que tuvo que bajar la vista para que no le vieran los ojos llenos de lágrimas. Era él mismo. [...]

Sin duda, la forma en que la frase [musical] había codificado esos sentimientos no podía resolverse en razonamientos. Pero desde que le reveló hacía más de un año las múltiples riquezas de su alma, despertándole al menos temporalmente el amor por la música, Swann tenía los motivos musicales por auténticas ideas, de otro mundo, de otro orden, ideas veladas de tinieblas, desconocidas, impenetrables para la inteligencia, pero no por ello menos perfectamente distintas unas de otras y desiguales en valor y significación. [...] En su frase, aunque presentara a la razón una superficie oscura, podía sentirse un contenido tan consistente, tan explícito, con una fuerza tan nueva, tan original, que cuantos la oían la conservaban en el mismo plano que las ideas de la inteligencia. Swann se refería a ella como a una concepción del amor y de la dicha, cuya particularidad conocía tan bien como la de *La Princesa de Clèves* o la de *René*, cuando esos nombres acudían a su memoria. [...] Por eso, lo mismo que algún tema de *Tristán*, por ejemplo, representa para nosotros también una determinada adquisición sentimental, la frase de Vinteuil participaba de nuestra condición mortal y adquiría un carácter humano muy conmovedor. [cs 347]

3. LA BÚSQUEDA DE LA VERDAD (EN EL TIEMPO)

¿Quién busca la verdad?

El celoso

Si desde que estaba enamorado las cosas habían recobrado para [Swann] parte del exquisito interés que le despertaron en otro tiempo, aunque solamente cuando las iluminaba el recuerdo de Odette, ahora los celos reavivaban en él otra facultad de su aplicada juventud: la pasión por la verdad, pero de una verdad interpuesta a su vez entre él y su amada, sólo aclarada por la luz que venía de ella, verdad completamente individual cuyo único objeto, de un valor infinito y casi de una belleza desinteresada, era las acciones, las relaciones, los proyectos y el pasado de Odette. [...] En este extraño período del amor, lo individual adquiere una profundidad que esa curiosidad que sentía despertarse en él sobre las más ínfimas ocupaciones de una mujer era la misma que tuvo en otro tiempo por la Historia. Y cosas que hasta entonces le habrían abochornado, como espiar frente a una ventana, y quién sabe si quizá mañana sonsacar hábilmente información a personas indiferentes, sobornar a los criados o escuchar detrás de las puertas, no le parecían sino métodos de investigación científica de un verdadero valor intelectual y tan adecuados a la búsqueda de la verdad como el desciframiento de textos, el contraste de testimonios o la interpretación de monumentos. [CS 269-270]

El artista

De nuevo, como en Balbec, tenía ante mí los fragmentos de aquel mundo de colores desconocidos que no era sino la proyección de la particular manera de ver de ese gran pintor, y que en absoluto traducían sus palabras. Los espacios de pared recubiertos de pinturas de Elstir, todas ellas homogéneas entre sí, eran como las imágenes luminosas de una linterna mágica que, en este caso, sería la cabeza del artista, y cuya extrañeza no habría podido sospecharse mientras sólo hubiéramos conocido al hombre, es decir mientras sólo hubiéramos visto la linterna que encasquetaba la bombilla, antes de que cristal coloreado ninguno se proyectara. Entre esos cuadros, me interesaban especialmente algunos de aquellos que a la gente de mundo parecían más ridículos, porque recreaban esas ilusiones ópticas que nos prueban que no identificaríamos los objetos si no hiciéramos intervenir nuestro razonamiento. [...] Por lo tanto, ¿no es lógico, no por artificio del simbolismo sino por un retorno sincero a la raíz misma de la impresión, representar una cosa por esa otra que en la fugacidad de una ilusión primera hemos tomado por ella? Las superficies y los volúmenes son en realidad independientes de los nombres de objetos que nuestra memoria les impone una vez los hemos reconocido. Elstir intentaba arrancar a lo que acababa de sentir aquello que sabía, tratando con frecuencia de disolver ese agregado de razonamientos que llamamos visión.

Las personas que detestaban esos «horrores» se extrañaban de que Elstir admirara a Chardin, a Perronneau, o a tantos otros pintores que ellas, las personas de mundo, apreciaban. No se daban cuenta de que Elstir había realizado de nuevo ante lo real (con el particular carácter de su gusto por ciertas investigaciones) el mismo esfuerzo que un Chardin o un Perronneau, y que en consecuencia, cuando dejaba de trabajar para sí mismo, admiraba en ellos intentos del mismo género, como fragmentos anticipados de obras suyas. Pero la gente de mundo no añadía con el pensamiento a la obra de Elstir esa perspectiva del Tiempo que les permitiría apreciar o por lo menos contemplar sin embarazo la pintura de Chardin. Y no obstante los más mayores habrían podido decirse que en el curso de su vida habían visto disminuir, a medida que los alejaban los años, la distancia infranqueable entre lo que ellos juzgaban una obra maestra de Ingres y lo que creían que sería a perpetuidad un horror (por ejemplo el *Olympia* de Manet), hasta que ambos lienzos adquirieran un valor parejo. Pero nadie aprovecha lección ninguna, porque no se sabe descender hasta lo general, y uno se figura hallarse siempre en presencia de una experiencia sin precedente en el pasado. [CG 407]

El narrador

[...] En este libro, encuentran que la aristocracia aparece más degenerada, proporcionalmente, que las demás clases sociales. Aunque así fuera, no habría razón para extrañarse. Las familias más antiguas acaban por revelar, en la rojez y la protuberancia de su nariz, o en la deformación del mentón, algunos signos específicos en los que todo el mundo admira la «raza». Pero entre estos rasgos persistentes y progresivamente más acentuados, algunos de ellos no son visibles, como las tendencias y los gustos.

Una objeción más grave, si fuera justificada, sería decir que todo esto resulta extraño, y que la poesía se obtiene de la verdad más próxima. El arte extraído de la realidad más familiar efectivamente existe, y su dominio quizá sea el más vasto. Pero no es menos cierto que a veces puede despertarse un interés enorme por la belleza de acciones derivadas de un tipo de espíritu tan alejado de nuestros sentimientos y de todas nuestras creencias que ni siquiera llegamos a comprender, porque nos aparecen como un espectáculo sin causa. ¿Hay algo más poético que Jerjes, hijo de Darío, mandando azotar el mar que había engullido sus naves? [LP 40]

El encuentro de la verdad: azar y necesidad (contra el método)

[...] Ya fueran impresiones como la que me produjo la visión de los campanarios de Martinville, o reminiscencias como la de la irregularidad de las losas o el sabor de la magdalena, se trataba de interpretar las sensaciones como los signos de otras tantas leyes e ideas, procurando pensar, es decir sacar de la penumbra lo que había sentido y convertirlo en un equivalente espiritual. Ahora bien, este medio que me parecía el único, ¿qué otra cosa era sino hacer una obra de arte? Y de pronto las consecuencias se agolpaban en mi mente; pues tratárase de reminiscencias del género del ruido del tenedor o del sabor de la magdalena, o de aquellas verdades escritas a base de figuras cuyo sentido intentaba yo encontrar en mi mente, donde campanarios y malezas componían un jeroglífico complicado y florido, su primer carácter era que yo no podía elegirlas a mi antojo, que se me daban tal cual. Y sentía que eso debía de ser la prueba de su autenticidad [...]. Mas justamente la manera fortuita e inevitable de haber dado con la sensación garantizaba la verdad del pasado resucitado, de las imágenes desencadenadas, puesto que sentimos su esfuerzo por emerger a la luz, lo mismo que sentimos el goce de la realidad recobrada. Garantizaba asimismo la verdad de toda la composición formada de impresiones contemporáneas reavivadas, con esa infalible proporción de luz y de sombra, de relieve y de omisión, de recuerdo y de olvido que la memoria o la observación conscientes ignorarán siempre. [TR 185-186]

4. LOS SIGNOS QUE FUERZAN A PENSAR

a) Por el paso del Tiempo (Tiempo perdido): la alteración o la desaparición de los seres

Lo que en ese momento se produjo mecánicamente en mis ojos cuando vi a mi abuela fue exactamente una fotografía. Nunca vemos a los seres queridos como no sea en el sistema animado del movimiento perpetuo de nuestra incesante ternura, la cual, antes de que deje llegar a nosotros las imágenes de su rostro, las arrastra en su torbellino, las lanza contra la idea que tenemos de ellos desde siempre y hace que se le adhieran y coincidan con ella. ¿Cómo, de la frente y de las mejillas de mi abuela, que significaban para mí lo más delicado y permanente de su espíritu, dado que cualquier mirada habitual es una nigromancia y cada rostro que amamos el espejo del pasado, cómo no iba a omitir yo lo que en ella había podido envejecer y cambiar cuando, incluso en los espectáculos más indiferentes de la vida, nuestro ojo, cargado de pensamiento, desdeña como haría una tragedia clásica todas las imágenes que no concurren a la acción y sólo retiene aquellas que pueden hacer inteligible el fin de la misma? [...] Yo, para quien mi abuela seguía siendo yo mismo, a la que únicamente había visto en mi alma, siempre en el mismo lugar del pasado, a través de la transparencia de los recuerdos contiguos y superpuestos, de repente, en nuestro salón, que formaba parte de un mundo nuevo, el del Tiempo, aquel en donde viven los extraños de quienes decimos «qué bien envejece», por primera vez y sólo por un instante, pues desaparecería en seguida, vi sobre el canapé, bajo la lámpara, colorada, pesada y vulgar, enferma, abstraída, paseando sobre un libro unos ojos extraviados, a una anciana consumida que no conocía. [CG 134]

Así como en otro tiempo los caminos de Méséglise y de Guermantes establecieron los pilares de mi afición por el campo y me impedirían encontrarle un encanto profundo a un país donde no hubiera una iglesia antigua, margaritas y botones de oro, así también mi amor por Albertina me hacía buscar exclusivamente un cierto género de mujeres, uniéndolas en mí a un pasado lleno de encanto; como antes de amarla, sentía de nuevo necesidad de mujeres acordes con ella que fueran intercambiables con mi recuerdo paulatinamente menos exclusivo. [...] Pues nuestras sensaciones, para ser fuertes, necesitan provocar en nosotros algo distinto de ellas, un sentimiento que no podría hallar en el placer su satisfacción pero que se añade al deseo, lo inflama, lo hace asirse desesperadamente al placer. A medida que el posible amor que Albertina pudo sentir por ciertas mujeres dejaba de mortificarme, vinculaba esas mujeres a mi pasado, les daba más realidad, como el recuerdo de Combray daba más realidad a los botones de oro o a los espinos blancos que a las flores nuevas. [...] En otra época, mi tiempo se dividía en períodos en los que yo deseaba a una mujer o a otra. Cuando los violentos placeres que una me procuraba se aplacaban, deseaba a aquella otra que me daba una ternura casi pura, hasta que la necesidad de caricias más hábiles reanimaba el deseo de la primera. Ahora esas alternancias habían finalizado, o al menos uno de los períodos se prolongaba indefinidamente. Lo que deseaba es que la recién llegada viviera conmigo y, por la noche, antes de dejarme, me diera un beso familiar de hermana. De modo que, de no haber pasado por la experiencia insoportable de otra mujer, habría podido creer que añoraba más un beso que ciertos labios, un placer que un amor, un hábito que una persona. [...] Y sentía una vez más que, en primer lugar, el recuerdo no es inventivo, que es impotente para desear nada nuevo, ni siquiera nada mejor a lo ya poseído; además, que es espiritual, de suerte que la realidad no puede proporcionarle el estado buscado; y por último que, al proceder de una persona muerta, el renacimiento que encarna no es tanto la necesidad de amar, en la que se confía, como la necesidad de la ausente. De modo que de poder obtener la semejanza con Albertina de la mujer elegida, la semejanza de su cariño con el de Albertina, sólo me hacía sentir más la ausencia de lo que buscaba sin saberlo y que era indispensable para el renacimiento de mi felicidad; es decir, la propia Albertina, el tiempo que habíamos vivido juntos, el pasado que, sin saberlo, estaba buscando. [AD 133-135]

b) Por el tiempo que se pierde: el dolor y el placer

«¡Mademoiselle Albertina se ha marchado!». ¡Cuánto más lejos llega el sufrimiento en psicología que la propia psicología! Un momento antes, mientras me analizaba, creía que esta separación sin habernos despedido era precisamente lo que yo deseaba, y al comparar la mediocridad de los placeres que Albertina me procuraba con la riqueza de los deseos que ella me impedía realizar, me había encontrado perspicaz, llegando a la conclusión de que no deseaba volver a verla y que no la amaba. Pero esas palabras: «Mademoiselle Albertina se ha marchado» acababan de provocar en mi corazón tanto sufrimiento que sentía que no podría resistirlo más tiempo. Así, lo que creí no ser nada para mí era simplemente toda mi vida. [...] Sí, justo antes de presentarse Francisca, creía que ya no amaba a Albertina, convencido de que no dejaba nada de lado; como riguroso analista, creía que conocía perfectamente el fondo de mi corazón. Pero nuestra inteligencia, por lúcida que sea, no puede percibir los elementos que la componen y que permanecen insospechados mientras, del estado volátil en que subsisten la mayor parte del tiempo, un fenómeno capaz de aislarlos no les ha hecho sufrir un comienzo de solidificación. Estaba equivocado al creer que veía claro en mi corazón. Pero este conocimiento que no me dieron las más finas percepciones, duro, deslumbrante, extraño, como sal cristalizada, me lo aportaba la brusca reacción del dolor. Estaba tan habituado a ver a Albertina a mi lado, que veía de pronto una nueva faz del hábito. Hasta entonces lo consideraba sobre todo como un poder aniquilador que suprime la originalidad y hasta la consciencia de las percepciones; ahora lo veía como una divinidad temible, tan fijado a nosotros, tan incrustado en nuestro corazón su insignificante semblante que, de separarse, en caso de darnos la espalda, aquella deidad apenas discernible nos inflige sufrimientos más terribles que ninguna otra y se torna tan cruel como la muerte. [AD 3-4]

[...] Si tras el nuevo y enorme salto que la vida acababa de hacerme dar, la realidad impuesta me resultaba tan nueva como la que nos presenta el descubrimiento de un físico, los interrogatorios de un juez de instrucción o los descubrimientos de un historiador sobre los entresijos de un crimen o de una revolución, esta realidad rebasaba las mezquinas previsiones de mi segunda hipótesis, pero no obstante las realizaba. Esta segunda hipótesis no era la de la inteligencia, y el pánico que tuve la noche que Albertina no quiso besarme, aquella noche que oí el ruido de la ventana, ese pánico no era razonado. [...] Es la vida la que poco a poco, caso por caso, nos hace comprobar que lo más importante para nuestro corazón, o para nuestro espíritu, no nos lo descubre el razonamiento, sino otras potencias. Y por eso, la inteligencia misma, al darse cuenta de su superioridad, abdica racionalmente frente a ellas y acepta convertirse en colaboradora y servidora suya. Es la fe experimental. La desgracia imprevista contra la que combatía me parecía ya conocida (como la amistad de Albertina con dos lesbianas) por haberla leído en muchos signos donde—pese a las afirmaciones contrarias de mi razón, que se basaba en las palabras de la propia Albertina—discernía la lasitud y el horror que le daba vivir como una esclava, signos trazados como con tinta invisible tras las pupilas tristes y sumisas de Albertina, sobre sus mejillas súbitamente sofocadas por un inexplicable rubor, o en el ruido de la ventana bruscamente abierta. En realidad no fui capaz de interpretarlos hasta el final y hacerme una idea precisa de su repentina partida. Con el ánimo equilibrado por la presencia de Albertina, no pensé más que en una partida convenida por mí para una fecha indeterminada, es decir situada en un tiempo inexistente; por lo tanto, tuve sólo la ilusión de pensar en su marcha, lo mismo que las personas se figuran que no temen a la muerte cuando piensan en ella mientras están sanas, y en realidad no hacen sino introducir una idea puramente negativa en el interior de una buena salud que la proximidad de la muerte precisamente alteraría. Por otra parte, la idea de la deseada partida de Albertina habría podido ocurrírseme mil veces, con la mayor claridad y nitidez, pero nunca hubiese sospechado lo que sería para mí, es decir en realidad, esa partida, qué cosa tan original, tan atroz, tan desconocida, qué mal enteramente nuevo. [...] Para representarse una situación desconocida, la imaginación recurre a elementos conocidos, y por esa razón no se la representa. Pero la sensibilidad, aun la más física, recibe como el trazo del rayo la marca genuina y por mucho tiempo indeleble del nuevo acontecimiento. [...] ¡Cuán lejos de mí quedaba ahora el deseo de Venecia! Como en otro tiempo, en Combray, aquél de conocer a madame de Guermantes, cuando se acercaba la hora en que sólo esperaba una cosa, tener a mamá en mi cuarto. Y ante la llamada de la angustia nueva, todas las inquietudes experimentadas desde mi infancia acudían en efecto a reforzarla y a amalgamarse con ella en una masa homogénea que me oprimía.

[AD 7-8]

Aquello que uno ama está demasiado en el pasado, consiste demasiado en el tiempo perdido en su compañía para que necesite de toda la mujer; queremos sólo estar seguros de que es ella, no errar sobre su identidad —mucho más importante que la belleza para los enamorados; ya pueden volverse enjutas las mejillas y enflaquecer el cuerpo que, hasta para quienes se sintieron un día orgullosos ante los demás de su autoridad sobre una beldad, basta con esa insignificante carita, ese signo donde se resume la personalidad permanente de una mujer, ese extracto algebraico, esa constante, para que un hombre solicitado en el gran mundo y enamorado no pueda disponer de una sola de sus veladas porque dedica su tiempo en desvivirse hasta la hora de dormir por la mujer que ama, o simplemente en permanecer a su lado, para estar con ella o para que ella esté con él, o sólo para que ella no esté con otros. [AD 24]

Sin creer ni por un momento en el amor de Albertina, veinte veces quise matarme por ella, por ella me arruiné, destruí mi salud. Cuando se trata de escribir, somos escrupulosos, miramos con lupa, rechazamos todo lo que no sea verdad. Mas si sólo se trata de la vida, nos echamos a perder, enfermamos, morimos por falsedades. Es cierto que sólo de la ganga de esas mentiras (si se ha rebasado la edad de ser poeta) puede extraerse un poco de verdad. Las penas son servidores oscuros, detestados, contra los que luchamos, en cuyo dominio nos vamos precipitando, servidores atroces, imposibles de sustituir, y que por caminos subterránes nos conducen a la verdad y a la muerte. [TR 216]

[Octavio] podía ser muy vanidoso, lo que no está reñido con el talento, y tratar de brillar del modo que creía adecuado para deslumbrar en el mundo donde vivía, que no consistía en absoluto en probar un conocimiento profundo de las *Afinidades electivas* sino más bien en saber conducir un atelaje de cuatro caballos. Por otra parte, no estoy seguro de que, aun convertido ya en el autor de aquellas obras tan originales, le gustara algo más, fuera de los teatros donde era conocido, saludar a quien no vistiera de esmoquin, como los fieles de la primera época, lo que no demostraría en su caso estupidez sino vanidad, e incluso cierto sentido práctico, una cierta clarividencia para adaptar su vanidad a la mentalidad de los imbéciles de cuya estima dependía, y para quienes el esmoquin brilla acaso con un resplandor más vivo que la mirada de un pensador. ¡Quién sabe si, visto desde fuera, un hombre de talento, o incluso un hombre sin talento pero aficionado a los asuntos del espíritu, como yo por ejemplo, no producía el efecto del más perfecto y pretencioso imbécil a quien lo encontraba en Rivebelle, en el Hotel de Balbec o sobre el malecón de Balbec! Sin contar que para Octavio las cosas del arte debían de tratarse de algo tan íntimo, tan oculto en los más secretos repliegues de sí mismo que seguramente no se le habría ocurrido hablar de ellas como lo haría Saint-Loup, por ejemplo, para quien las artes tenían el mismo prestigio que los atelajes para Octavio. Podía tener además la pasión del juego, y se dice que la conservó. Pero si la piedad que hizo revivir la obra desconocida de Vinteuil salió de un medio tan turbio como Montjouvain, no me sorprendía menos pensar que las obras maestras acaso más extraordinarias de nuestra época salieran, no del Concurso general, de una educación modélica, académica, a la Broglie, sino de la frecuentación de los «pesajes» y de los grandes bares. [AD 185-186]

c) Por el Tiempo recobrado: las impresiones y el arte*

Al considerar la sonata [de Vinteuil] desde otro punto de vista, propiamente como la obra de un gran artista, me veía transportado por la corriente sonora hacia los días de Combray—no me refiero a Montjouvain y al camino de Méséglise, sino a los paseos por el lado de Guermantes—, cuando también yo deseé ser un artista. ¿Renuncié a algo real, abandonando de hecho esta ambición? ¿Podía la vida consolarme del arte? ¿Hay en el arte una realidad más profunda, donde nuestra auténtica personalidad encuentra una expresión que no le dan las acciones de la vida? ¡Cada gran artista parece en efecto tan diferente a los demás, y nos produce tanto esa sensación de individualidad que buscamos en vano en la existencia cotidiana! [LP 148]

---

* Remitimos a los distintos textos sobre las reminiscencias y las manifestaciones artísticas, seleccionados en la presente edición. (*N. de la e.*)

II. LAS ETAPAS DEL APRENDIZAJE

1. EL OBJETIVISMO

Representación y memoria voluntaria: signos materiales

En la época en que amaba a Gilberta, creía aún que el Amor existía realmente fuera de nosotros; que, permitiéndonos como mucho hacer a un lado los obstáculos, brindaba sus placeres en un orden que no éramos libres de cambiar; me parecía que de haber sustituido a mi guisa la dulzura de la confesión por la simulación de la indiferencia, no sólo me privaba de una de las alegrías que más soñé, sino que fabricaba a mi antojo un amor ficticio y sin valor, sin comunicación con la verdad, a cuyos misteriosos y preexistentes caminos renunciaba. [CS 393]

Nunca pudimos llegar tampoco hasta ese término que tanto deseara yo alcanzar: Guermantes. Sabía que allí residían unos señores feudales, el duque y la duquesa de Guermantes; sabía que eran personajes reales y actualmente existentes, pero siempre que pensaba en ellos me los representaba bien en un tapiz, como estaba la condesa de Guermantes en la «Coronación de Esther» de nuestra iglesia, bien con matices cambiantes como estaba Gilbert le Mauvais en la vidriera [...], o impalpables del todo como la imagen de Genoveva de Bravante, antepasada de la familia de Guermantes, que la linterna mágica paseaba por las cortinas de mi habitación o hacía subir hasta el techo, siempre envueltos del misterio de los tiempos merovingios e inmersos, como en una puesta de sol, en la luz anaranjada que emana de las sílabas «antes». [CG 169]

A medida que identificaba y conocía poco a poco a Albertina, este conocimiento se hacía por sustracción, sustituyendo cada una de las partes de imaginación y deseo por una noción que valía infinitamente menos. [...] Eso no quita para que, tras esta primera transformación, Albertina cambiara para mí aún muchas veces. Las cualidades y los defectos que nos ofrece de un ser un primer plano de su rostro se disponen según una formación distinta si lo abordamos por otro lado, como en una ciudad los monumentos aparecen diseminados a lo largo de una sola línea y desde otro punto de vista se escalonan en profundidad e intercambian sus proporciones relativas. [...] Pero ésa no era sino una segunda visión, y habría otras sin duda por las que pasaría sucesivamente. De suerte que sólo después de haber reconocido no sin tanteos los errores de óptica del comienzo podríamos llegar al conocimiento exacto de un ser, si este conocimiento fuera posible. Pero no lo es; pues mientras corregimos nuestra visión sobre él, como éste a su vez no es un objetivo inerte, cambia, y cuando queremos alcanzarlo se desplaza, y creyendo verlo al fin con más claridad, no hemos sino aclarado las antiguas imágenes de que disponíamos, pero que ahora ya no lo representan. No obstante, y pese a las inevitables decepciones que acarrea, esta actitud hacia aquello que apenas entrevimos y que nos dimos el placer de imaginar es la única saludable para los sentidos y que mantiene el deseo. [...]

Volvía pensando en aquella reunión y orientaba la luz hacia el café que acababa de tomar antes de que Elstir me llevara junto a Albertina, así como a la rosa que regalé al anciano caballero, detalles todos ellos que las circunstancias eligen al margen de nosotros y que componen, en una disposición especial y fortuita, el marco de un primer encuentro. [...] Desde ese día, tras comprobar a mi regreso la imagen que evocaba, comprendí el trueque que se había producido, y cómo había conversado un momento con una persona que, gracias a la habilidad del prestidigitador, y sin parecerse en nada a la que yo tanto seguí por la orilla del mar, la había sustituido. Por lo demás debí suponerlo de antemano, porque la muchacha de la playa la había fabricado yo. [...] Además de que, como la memoria toma inmediatamente clichés independientes unos de otros, suprime cualquier nexo y continuidad entre las escenas que se representa y, en la colección de aquellos que expone, el último no destruye forzosamente los precedentes. Frente a la mediocre y conmovedora Albertina con la que había hablado, veía a la misteriosa Albertina contra el mar. Eran ahora recuerdos, es decir composiciones que me parecían todas ellas igual de verdaderas. Para acabar con esta primera tarde de la presentación, cuando traté de ver el lunarcillo de su mejilla, debajo del ojo, recordé que al salir Albertina de casa de Elstir lo había visto sobre la barbilla. En suma, cuando la veía, percibía que tenía un lunar, pero mi errabunda memoria lo paseaba luego por la cara de Albertina y lo colocaba aquí o allá.   [JF 436-440]

Los valores de la inteligencia:

a) La amistad

A veces, cuando estaba solo, sentía afluir del fondo de mí mismo algunas de aquellas impresiones que me procuraban un agradable bienestar. Pero si estaba con otra persona, o hablaba con un amigo, mi espíritu se daba media vuelta y dirigía sus pensamientos a mi interlocutor en lugar de volverse hacia mí, sin que al seguir ese sentido inverso me procurara placer alguno. Una vez me separaba de Saint-Loup, con ayuda de las palabras ponía un poco de orden en los confusos minutos que había pasado con él; me decía que tenía un buen amigo, que un buen amigo es algo muy raro, y al sentirme rodeado de bienes difíciles de conseguir experimentaba justamente lo contrario del placer que en mí era natural, ese placer de haber extraído de mí mismo y aclarado algo que se ocultaba en la penumbra. [...] Yo me sabía capaz de ejercer las virtudes de la amistad mejor que la mayoría (porque daría siempre prioridad al beneficio de mis amigos sobre los intereses personales a los que otros se sienten tan apegados y que para mí no importaban), pero no así de alegrarme por un sentimiento que en lugar de acentuar las diferencias que había entre mi espíritu y el de los demás—como hay también entre los distintos espíritus de cada uno de nosotros—las disiparía. En cambio, otras veces mi pensamiento discernía en Saint-Loup a un ser más general que él mismo, el «noble», que como un espíritu interior movía sus miembros y ordenaba sus gestos y sus acciones; en esos momentos, aunque me hallara con él, estaba solo, como lo estaba frente a un paisaje cuya armonía hubiese comprendido. No era ya sino un objeto que mi ensoñación trataba de profundizar. Al buscar en él aquel ser interior secular, el aristócrata que Roberto precisamente no quería ser, sentía una intensa alegría, pero que procedía de la inteligencia, no de la amistad. [...] A veces me reprochaba mi deleite al considerar a mi amigo como una obra de arte, es decir al contemplar el funcionamiento de todos los elementos de su ser como si estuvieran regulados armoniosamente y dependieran de una idea general que él desconocía y que, por tanto, nada añadía a sus cualidades propias, a la cualidad personal de aquella inteligencia y moralidad que él tanto valoraba. [JF 304]

b) La conversación

Yo no sentía sacrificar los placeres de la sociedad y de la amistad a ese otro de pasar todo el día en el jardín. Los seres que disfrutan de esa posibilidad—cierto que son sólo los artistas, y yo estaba convencido desde hacía tiempo de que nunca llegaría a serlo—tienen además el deber de vivir para sí mismos; pues para ellos la amistad es una dispensa de ese deber y una abdicación personal. La conversación misma, que es el modo de expresión de la amistad, es una divagación superficial que no nos procura ninguna adquisición. Podemos charlar durante toda una vida sin hacer otra cosa más que repetir indefinidamente la vacuidad de un minuto, mientras que en el trabajo solitario de la creación artística el pensamiento avanza en profundidad, la única dirección que se nos mantiene abierta y donde podemos progresar, es verdad que con mucho esfuerzo, para llegar a un resultado verdadero. [JF 468]

Contra una literatura objetivista (Goncourt, Saint-Beuve)

¿Cómo podría tener ningún valor la literatura de anotaciones, si es bajo minucias como las que reseña donde está contenida la realidad (la intensidad en el ruido lejano de un aeroplano, o en la línea del campanario de Saint-Hilaire; el pasado en el sabor de una magdalena, etc.), y carecen de significado por sí mismas si no se extrae de ellas?

Poco a poco, conservada por la memoria, la cadena de todas esas expresiones inexactas, en las que no queda nada de cuanto realmente sentimos, constituye para nosotros nuestro pensamiento, nuestra vida, la realidad, y no es sino esta mentira la que reproducirá un arte calificado de «vivo», simple como la vida, sin belleza [...]. En cambio, la grandeza del verdadero arte, al que monsieur de Norpois calificaría de juego de diletante, era recuperar, captar de nuevo, hacernos conocer esa realidad lejos de la cual vivimos, de la que nos vamos separando a medida que adquiere espesor e impermeabilidad el conocimiento convencional con que la sustituimos, esa realidad que correríamos gran riesgo de morir sin haber conocido, y que es sencillamente nuestra vida. [TR 201-203]

Contra el arte realista

Las cosas—un libro bajo su cubierta roja como los demás—, en cuanto las percibimos, se transfiguran para nosotros en algo inmaterial, de la misma naturaleza que todas nuestras preocupaciones o nuestras sensaciones de aquel tiempo, y se mezclan indisolublemente con ellas. Un nombre leído antaño en un libro contiene entre sus sílabas el viento racheado y el sol resplandeciente que hacía cuando lo leíamos. De suerte que la literatura que se limita a «describir las cosas», a dar de ellas solamente un miserable realce de líneas y superficies, es la que, pese a calificarse de realista, más alejada está de la realidad, la que más nos empobrece y apesadumbra, pues corta bruscamente toda comunicación de nuestro yo presente con el pasado, cuyas cosas guardaban la esencia, y con el futuro, donde nos incitan a disfrutarla de nuevo. Es esa esencia lo que el arte digno de tal nombre debe expresar, y, si fracasa en el propósito, aún puede sacar de su impotencia una lección (mientras que de los logros del realismo no se saca ninguna), a saber que esta esencia es en parte subjetiva e incomunicable. [TR 192]

Contra el arte popular

La idea de un arte popular, como también la de un arte patriótico, aunque no fuera peligrosa me parecía ridícula. Si se trataba de hacerlo accesible al pueblo sacrificando los refinamientos de la forma, «buenos para los ociosos», yo había frecuentado lo bastante a las personas del gran mundo para saber que eran ellos los auténticos iletrados, y no los electricistas. En este sentido, un arte popular en la forma debería dirigirse a los miembros del Jockey antes que a los de la Confederación General del Trabajo; en cuanto a los temas, las novelas populares aburren tanto a la gente del pueblo como a los niños los libros que se escriben para ellos. Mediante la lectura, uno trata de desenraizarse, y los obreros sienten tanta curiosidad por los príncipes como los príncipes por los obreros. [TR 194-195]

2. LA DECEPCIÓN

Ante Bergotte, el escritor

El Bergotte que yo había elaborado lenta y delicadamente, gota a gota, como una estalactita, con la transparente belleza de sus libros, ese Bergotte de pronto no servía de nada, desde el momento en que había de atenerme a la nariz de caracol y a la perilla negra, como no es buena la solución que dimos a un problema cuyo enunciado leímos mal y sin tener en cuenta que el resultado debía dar una determinada cifra. La nariz y la perilla eran elementos igual de ineluctables, y tanto más molestos porque me obligaban a reconstruir por completo el personaje de Bergotte; hasta parecían implicar, producir y secretar incesantemente un cierto tipo de espíritu activo y satisfecho de sí muy poco leal, pues ese espíritu nada tenía que ver con la clase de inteligencia que difundían sus libros y que yo conocía bien, penetrada como estaba de una delicada y divina sabiduría. Partiendo de ellos, nunca habría llegado a esa nariz de caracol; pero si partía de la nariz, que se mostraba despreocupada, independiente y «caprichosa», iba en una dirección totalmente contraria a la obra de Bergotte [...]. Sin duda, los nombres son fantasiosos dibujantes, y nos dan unos bocetos de personas y países tan poco fieles que sentimos a menudo un cierto estupor cuando nos enfrentamos al mundo visible, frente a aquel imaginado. [...] Pero en el caso de Bergotte, la molestia previa del nombre no era nada comparada a la de conocer la obra, porque me veía forzado a ligar a ella, como a un globo, al hombre de perilla sin saber si mantendría su fuerza ascensional. [...] Y entonces me pregunté si la originalidad prueba realmente que los grandes escritores son dioses que reinan cada uno en su propio reino, o si por el contrario no hay en todo eso algo de ficción, y las diferencias entre las obras no son más bien resultado del trabajo en lugar de expresión de una diferencia radical de esencia entre las diversas personalidades. [JF 118-119]

Ante la iglesia de Balbec

[...] Aquel campanario que, por lo que había leído, era a su vez un rudo acantilado normando donde crecían las espigas y revoloteaban los pájaros, y que yo me había figurado recibiendo en su base la última espuma de las agitadas olas, se erguía en una plaza donde empalmaban dos líneas de ferrocarril, frente a un café con la palabra «Billar» escrita en letras doradas, y destacado contra un fondo de casas entre cuyos tejados no se mezclaba mástil alguno. Y la iglesia—que ocupó mi atención junto con el café, el transeúnte a quien hube de preguntarle por el camino y la estación adonde me disponía regresar—formaba un todo con el resto, parecía un accidente, un producto de aquel atardecer... [JF 227]

En el segundo viaje a Balbec

Mi segunda llegada a Balbec fue muy diferente de la primera. [...] Recordaba las imágenes que me habían impulsado a regresar a Balbec, muy distintas a las de entonces; la visión que venía ahora a buscar era tan resplandeciente como brumosa la de antes, pero no menos decepcionante. Las imágenes que elige el recuerdo son tan arbitrarias, limitadas e inasibles como aquellas que la imaginación había formado y la realidad destruido. No hay razón para que, fuera de nosotros, un lugar real posea las composiciones de la memoria mejor que las del sueño. Además de que una realidad nueva nos hará seguramente olvidar, y aun detestar, los deseos que nos indujeron a partir.

Aquellos que me condujeron a Balbec se debían en parte a que los Verdurin [...] habían invitado allí a madame de Putbus. [...] Nada unía esencialmente a la doncella de madame de Putbus con la zona de Balbec; para mí, ella no estaría allí como la campesina que por el camino de Méséglise llamé tantas veces en vano con toda la fuerza de mi deseo.

Pero hacía ya mucho que había dejado de intentar extraer de una mujer algo así como la raíz cuadrada de su incógnita, porque muchas veces no resistía una simple presentación. Al menos en Balbec, donde no estaba desde hacía tiempo, tendría la ventaja de que, a falta de la necesaria relación inexistente entre la tierra y esa mujer, el sentimiento de realidad no quedaría suprimido para mí por el hábito, como sucedía en París, donde, ya en mi propia casa o en una estancia familiar, el placer de una mujer entre las cosas cotidianas no podía procurarme un momento de ilusión que me diera acceso a una nueva vida. (Pues, si bien el hábito es una segunda naturaleza, nos impide conocer la primera, de cuyas crueldades y atractivos carece.) [...] Por lo demás, no iba a Balbec con tan poco espíritu práctico como la primera vez; hay siempre menos egoísmo en la imaginación pura que en el recuerdo. [SG 148-151]

De Swann por Odette

Lo cierto es que Odette de Crécy pareció a Swann no sin una cierta belleza, pero de un género de belleza que le era indiferente, que no le inspiraba ningún deseo, que hasta le provocaba una especie de repulsión física, una de esas mujeres como las que tiene todo el mundo, diferentes para cada cual y todo lo contrario del tipo que solicita nuestra sensualidad. [CS 193]

3. LA ESENCIA: UNIDAD DEL SIGNO Y DEL SENTIDO

Por la imaginación y el deseo: signos menos materiales*

Mi mayor deseo era ver una tempestad en el mar, más que como un hermoso espectáculo, como un momento

---

* Remitimos a las impresiones de los campanarios de Martinville y de los tres árboles (pp. 5-7 de la presente ed.). *(N. de la e.)*

revelador de la vida real de la naturaleza; o mejor dicho, para mí sólo eran espectáculos hermosos aquellos que sabía que no estaban artificialmente preparados para mi goce, sino que eran necesarios e inmutables, como la belleza de los paisajes o de las obras de arte. [...] Por eso retuve el nombre de Balbec [...] Y un día que en Combray hablé ante Swann de aquella playa de Balbec, a fin de averiguar si el lugar elegido era el mejor para ver las más fuertes tempestades, me respondió: «¡Ya lo creo que conozco Balbec! La iglesia medio románica de Balbec, de los siglos XII y XIII, es probablemente el ejemplo más curioso de gótico normando, y tan singular, que parece arte persa». Fue una gran alegría para mí ver cómo esos lugares que hasta entonces me parecían sólo naturaleza inmemorial, contemporánea de los grandes fenómenos geológicos—y tan al margen de la historia humana como el Océano o la Osa Mayor, con esos pescadores primitivos para quienes, lo mismo que para las ballenas, no hubo Edad Media—entraban de pronto en la serie de los siglos y conocían la época románica, y enterarme de que el trébol gótico fue a exornar también aquellas rocas salvajes en el momento debido, como esas frágiles y vigorosas plantas que, en primavera, estrellan la nieve de las regiones polares. Y si bien el gótico prestaba a aquellos hombres y lugares una determinación de que carecían, ellos a su vez le conferían una concreción. [...] Entonces, en las noches borrascosas y suaves de febrero, el viento [...] mezclaba en mí el deseo de la arquitectura gótica con el de una tempestad sobre el mar. [...] Y en el nombre de Balbec, como en el cristal de aumento de esos portaplumas que compramos en los balnearios de la costa, veía alborotadas olas en torno a una iglesia de estilo persa. [CS 377-382]

Si un ser puede ser el producto de una tierra donde disfrutamos de su encanto particular, más aún que la campesina que tanto deseé ver aparecer cuando vagaba solo por el camino de Méséglise, en los bosques de Roussainville, debía de ser la muchacha alta que vi salir de aquella casa con su jarra de leche y venir hacia la estación por el sendero que iluminaba oblicuamente el sol naciente. [...] Que fuera aquella muchacha la que producía en mí esa exaltación, o que por el contrario fuera ésta la causa principal del placer que sentía junto a ella, en todo caso estaba una tan mezclada con la otra que mi deseo de volver a verla era sobre todo el deseo moral de no dejar morir completamente aquel estado de excitación y no verme separado para siempre del ser que, a pesar suyo, había intervenido en él. No es solamente que ese estado fuera agradable. Es sobre todo que (como la mayor tensión de una cuerda o la vibración más rápida de un nervio produce una sonoridad o un color diferente) daba otra tonalidad a cuanto yo veía, y me introducía como actor en un universo desconocido e infinitamente más interesante. [JF 225-226]

Los «hombres superiores» *

Los musicógrafos bien podían encontrar el parentesco o la genealogía de aquellas frases [de Vinteuil] en las obras de otros grandes músicos, pero solamente por razones accesorias, semejanzas exteriores y analogías más ingeniosamente establecidas por el razonamiento que sentidas por la impresión directa. Aquella que daban las frases de Vinteuil era diferente de cualquier otra, como si, en perjuicio de las conclusiones que parecen desprenderse de la ciencia, existiera lo individual. [...] Era un acento, aquel de Vinteuil, separado del acento de los demás músicos por una diferencia mucho mayor que la percibida entre la voz de dos personas, o incluso entre el balido y el grito de dos especies animales; verdadera diferencia —la que había entre el pensamiento de un determinado músico y las perpetuas investigaciones de Vinteuil—, aquella cuestión que se planteaba bajo un sinfín de formas, su habitual especulación, pero tan desembarazada de las formas analíticas del razonamiento como si se hubiera ejercido en el mundo de los ángeles, de manera que se puede medir la profundidad pero no traducirla al lenguaje humano, no más de lo que pueden los espíritus descarnados cuando, evocados por un médium, éste los interroga sobre los secretos de la muerte. [LP 244]

---

* Remitimos a los textos sobre la creación artística. *(N. de la e.)*

¿La interpretación de la Berma revelaba únicamente el genio de Racine? Así lo creí al principio; pero saldría pronto de mi engaño [...] Comprendí entonces que la obra del escritor no era para la trágica más que una materia, casi indiferente en sí misma, para la creación de su interpretación artística, como aquel gran pintor que había conocido en Balbec, Elstir, encontraba el motivo de dos cuadros de parejo valor en un edificio escolar sin carácter y en una catedral que, por sí misma, era una obra de arte. Y así como el pintor disuelve casa, carreta y personajes en un magistral efecto de luz que los vuelve homogéneos, la Berma extendía vastas capas de terror y de ternura sobre las palabras fundidas todas por igual, niveladas o realzadas todas, que sin embargo una artista mediocre habría articulado una tras otra. Sin duda, cada una tenía una inflexión propia, y la dicción de la Berma no impedía discernir el verso. ¿No es ya un primer elemento de complejidad ordenada y de belleza que al oír una rima, es decir algo semejante y a la vez distinto de la rima precedente, que está motivado por ella pero le introduce la variación de una idea nueva, sintamos superponerse dos sistemas, uno de pensamiento y otro de métrica? Pero la Berma incorporaba las palabras, incluso los versos, o hasta las largas «declamaciones», en conjuntos aún más vastos, en cuyas fronteras era un placer verlos forzados a detenerse e interrumpirse; así, en la rima, un poeta se deleita haciendo vacilar por un instante la palabra que va a lanzar, lo mismo que un músico en confundir las palabras diversas de un libreto en un mismo ritmo que las contraría y las arrastra. Tanto en las frases del dramaturgo moderno como en los versos de Racine, la Berma sabía introducir esas vastas imágenes de dolor, de nobleza, de pasión que constituían sus propias obras de arte y donde se la reconocía, como en los retratos pintados con diferentes modelos se reconoce a un mismo pintor.　[CG 44-45]

La voz [de Bergotte] era en efecto rara; nada altera tanto las cualidades materiales de la voz como el hecho de la reflexión: la sonoridad de los diptongos, la energía de las labiales, o incluso la dicción. [...] Me costó mucho darme cuenta de lo que decía en esos momentos, pues pertenecía tan verdaderamente a Bergotte que no parecía de Bergotte. Era una profusión de ideas precisas que no estaban incluidas en ese «género Bergotte» que muchos cronistas se habían apropiado [...]. Esta diferencia en el estilo se debía a que «lo Bergotte» era sobre todo un cierto elemento valioso y auténtico, oculto en el corazón de las cosas y extraído de él por ese gran escritor gracias a su genio, extracción que es el fin del dulce cantor y no de un hacer «a lo Bergotte». [...] Eso mismo sucede con todos los grandes escritores, la belleza de sus frases es imprevisible, como lo es la de una mujer que aún no conocemos; es una creación porque se aplica a un objeto exterior—y no a sí mismos—en el que piensan y no han expresado todavía. [...] La verdadera variedad consiste en esa plenitud de elementos reales e inesperados, en esa rama cubierta de flores azules que sobresale, contra toda previsión, del matorral primaveral que parecía ya repleto; mientras que la imitación puramente formal de la variedad (así como de las demás cualidades del estilo) no es sino vacío y uniformidad, es decir lo más contrario a la variedad.

[JF 123]

El arte: signos inmateriales

En un momento dado, sin poder distinguir con claridad un contorno ni dar un nombre a lo que le agradaba, seducido de pronto, [Swann] había tratado de retener la frase o la armonía—ni él mismo lo sabía—que huía y que le había ensanchado el alma [...]. Tal vez porque no sabía música pudo sentir una impresión tan confusa, una de esas impresiones que quizá sean no obstante las únicas puramente musicales, inextensas, completamente originales e irreductibles a cualquier otro orden de impresiones. Una impresión de ese género, instantánea, es por decirlo de algún modo *sine materia*. [...] Y esa impresión seguirá envolviendo con su liquidez y su «gradación» los motivos que emergen de ella por momentos, apenas discernibles, para sumergirse en seguida y desaparecer, percibidos solamente por el placer particular que nos dan, imposibles de ser descritos, recordados, designados, e inefables si no fuera porque la memoria, como un obrero que se esfuerza por asentar cimientos duraderos en medio de la corriente, construye para nosotros facsímiles de esas frases fugitivas, permitiéndonos compararlas con las siguientes y diferenciarlas. Así, apenas se hubo extinguido la sensación deliciosa que Swann sintió, su memoria le proveyó acto seguido de una transcripción sumaria y provisional, pero en la que fijó su atención mientras continuaba la pieza, de tal modo que, cuando la misma impresión retornó repentinamente, no era ya inaprensible. Se representaba en ella la extensión, los conjuntos simétricos, la grafía, el valor expresivo; tenía ante él eso que ya no es música pura, sino dibujo, arquitectura, pensamiento, y que permite recordar la música.

[CS 205-206]

III. ¿QUÉ ES UNA ESENCIA?

1. EL MUNDO CONTENIDO EN LA ESENCIA

La esencia como recreación del mundo y origen del Tiempo

¡Qué hermoso diálogo oía Swann entre el piano y el violín al comienzo del último movimiento! La omisión de la palabra humana, lejos de dar libre curso a la fantasía, como habría podido creerse, la eliminó; nunca el lenguaje hablado fue tan inflexiblemente necesario, jamás conoció aquella pertinencia de las preguntas y aquella evidencia de las respuestas. Al principio, el piano solitario se quejaba cual pájaro abandonado por su pareja; el violín le oyó y le contestó como desde un árbol vecino. Parecía el comienzo del mundo, como si aún no hubiera otra cosa que ellos dos en la tierra, o más bien en aquel mundo inaccesible a todo lo demás, construido con la lógica de un creador y donde nunca habría nada más que ellos dos: el mundo de aquella sonata.

[CS 346]

Hay aún otro asombro, fruto no ya de la diferencia entre las estilizaciones del recuerdo y la realidad, sino entre el ser que vimos la última vez y éste que hoy nos aparece bajo otro ángulo, mostrándonos un nuevo aspecto. El rostro humano es verdaderamente semejante al del Dios de una teogonía oriental, todo un racimo de rostros yuxtapuestos en diferentes planos y que no vemos todos a la vez. [...] Cada ser se destruye cuando dejamos de verlo; luego su aparición siguiente es una creación nueva, distinta de la inmediatamente anterior, si no de todas. [JF 477-478]

Encarnación de la esencia:

a) En materias (color, sonido, palabra)

Cada artista parece así como el ciudadano de una patria desconocida, olvidada para él, diferente de aquella de donde aparejará hacia la tierra otro gran artista. [...] Cuando la visión del universo se modifica y se depura, se torna más adecuada al recuerdo de la patria interior, y es muy natural que eso se traduzca en una alteración general de las sonoridades en el músico, como del color en el pintor. [...] Pero entonces, ¿no es verdad que esos elementos, todo ese residuo real que hemos de guardar para nosotros mismos, que la conversación no puede transmitir ni siquiera de amigo a amigo, ni de maestro a discípulo o de amante a querida, ese inefable que diferencia cualitativamente lo que cada cual ha sentido y que se ve obligado a dejar en el umbral de las frases, donde no puede comunicar con nadie si no es limitándose a puntos exteriores comunes a todos y sin interés, el arte, el arte de un Vinteuil, como el de un Elstir, lo hace aparecer, exteriorizando en los colores del espectro la composición íntima de esos mundos llamados individuos y que sin el arte jamás conoceríamos?

[LP 247]

En el habla de Bergotte, sin embargo, no había cierta luminosidad que en sus libros, como en los de otros autores, modifica a menudo la apariencia de las palabras. Se debe, sin duda, a que procede de las profundidades y no alcanzan sus rayos a nuestras palabras, en esas horas en que la conversación nos abre a los demás y nos cierra en cierto modo a nosotros mismos. En este sentido, había más entonaciones y acentos en sus libros que en sus conversaciones: acento independiente de la belleza del estilo, que sin duda ni el propio autor percibe, pues no es separable de su personalidad más íntima. Ese acento que aparecía en sus libros, en los momentos en que Bergotte era completamente natural, daba ritmo a las palabras a menudo insignificantes que escribía. No era algo que figurase en el texto, nada en él lo indicaba, y no obstante se acoplaba espontáneamente a las frases, sin que pudieran decirse de otro modo; era lo que había de más efímero y sin embargo profundo en el escritor, así como lo que probaría su naturaleza al decirnos si pese a las crueldades que escribió era dulce, o sentimental a pesar de las sensualidades. [JF 123]

b) En materia espiritualizada

Al considerar de nuevo la monotonía de las obras de Vinteuil, explicaba a Albertina que los grandes literatos nunca han escrito más que una sola obra, o más bien refractado a través de diversos medios una misma belleza que ellos aportan al mundo. «—[...] Esas frases-tipo que, como yo, empiezas ya a reconocer, *ma petite* Albertina, las mismas en la sonata, en el septeto y en las demás obras, equivaldrían si tú quieres, por ejemplo en Barbey d'Aurevilly, a una realidad oculta revelada por una señal material: el rubor fisiológico de la Embrujada, de Amado de Spens, de la Clotte, la mano de *Rideau cramoisi*, las viejas costumbres, los antiguos usos, las palabras trasnochadas, los oficios antiguos y singulares tras los que perdura el Pasado, la historia oral transmitida por los patriarcas, las nobles ciudades normandas impregnadas de Inglaterra y tan hermosas como una villa de Escocia, algunos maldecidos inevitables, la Vellini, el pastor, una misma sensación de ansiedad en un paisaje, ya sea la mujer que busca a su marido en *Une vieille maîtresse*, o el marido de *L'Ensorcelée* recorriendo la landa, o la misma Embrujada al salir de misa. Esas frases-tipo de Vinteuil corresponden asimismo a la geometría del tallador de piedra en las novelas de Thomas Hardy». [...] «Recuerda *Jude el oscuro*; o *La Bienamada,* donde viste cómo el padre extrae los bloques de piedra y, transportados en barco, se apilan en el taller del hijo para convertirse en estatuas; o en los *Ojos azules* el paralelismo de las tumbas, así como la línea paralela del barco y los vagones contiguos donde están los dos enamorados y la muerta; o el paralelismo entre *La Bienamada,* donde el hombre ama a tres mujeres, y los *Ojos azules,* donde la mujer ama a tres hombres, etc. [...] En Stendhal comprobarías un cierto sentido de la elevación vinculado a la vida espiritual: el lugar elevado donde Julián Sorel está preso, la torre en lo alto de la cual se halla encerrado Fabricio, el campanario donde el abad Blanès se dedica a la astrología y desde el cual Fabricio divisa un hermoso panorama. [LP 361-363]

La transmutación de la materia. El estilo y la metáfora*

Los datos de la vida no significan nada para el artista; no son más que una excusa para poner de manifiesto su genio. Cuando vemos juntos diez retratos de diferentes personas pintados por Elstir, apreciamos de inmediato que son ante todo «Elstirs». Sólo después de que ha subido esa marea ascensional del genio que recubre la vida, y una vez el cerebro comienza a fatigarse, el equilibrio se rompe poco a poco, y como un río que recupera su cauce tras el reflujo de una gran marea, la vida recupera su primacía. Pues, durante el período inicial, el artista ha extraído poco a poco la ley, la fórmula de su don inconsciente. Sabe qué clase de situaciones, si es novelista, o qué paisajes si es pintor, le proporcionan la materia, indiferente en sí misma pero necesaria para sus creaciones como sería un laboratorio o un estudio. [MF 415]

---

* Remitimos a los textos incluidos en el apartado Los «hombres superiores» de nuestra edición. *(N. de la e.)*

El genio artístico actúa a la manera de esas temperaturas extremadamente elevadas que tienen la capacidad de disociar las combinaciones de átomos y reagruparlos con arreglo a un orden absolutamente contrario y que responde a otro tipo. [...] Así, suele ocurrir que a partir de una cierta edad, el ojo de un gran investigador encuentra por doquier los elementos necesarios para fijar únicamente las relaciones que le interesan. [...] En el retrato, por ejemplo, el tiempo no viene indicado solamente por el vestido de la mujer, sino también por el estilo que tenía entonces el pintor. [JF 424-426]

El taller de Elstir me pareció como el laboratorio de una especie de nueva creación del mundo [...]. Naturalmente, casi todo lo que había en su taller eran marinas pintadas allí, en Balbec. Pero en todas ellas podía apreciar que el encanto consistía en una suerte de metamorfosis de las cosas representadas, análoga a lo que en poesía llamamos metáfora, y que si Dios Padre creó las cosas designándolas por su propio nombre, Elstir las recreaba arrebatándoselo o dándoles otro nuevo. Los nombres que designan las cosas responden siempre a una noción de la inteligencia, ajena a nuestras impresiones auténticas y que nos obliga a eliminar de ellas todo lo que no se relaciona con esa noción. [...]

Una de sus metáforas más frecuentes en las marinas que había por allí en ese momento era precisamente la que comparaba la tierra al mar, suprimiendo toda demarcación entre una y otro. [...] El pintor había sabido acostumbrar la vista a no reconocer frontera fija ni demarcación absoluta entre la tierra y el océano. [...] Ni tan siquiera el mar refluía regularmente, sino con arreglo a los accidentes de la arena, que la perspectiva disgregaba aún más [...]. Si todo el cuadro daba esa impresión de los puertos donde el mar entra en la tierra, o la tierra es ya marina y la población anfibia, la fuerza del elemento marino restallaba por doquiera [...]. Pues el esfuerzo de Elstir por no representar las cosas tal y como sabía que eran, sino con arreglo a esas ilusiones ópticas que componen nuestra visión inicial, lo había inducido precisamente a poner de relieve algunas leyes de perspectiva que resultaban chocantes en aquella época precisamente porque el arte era el primero en desvelarlas. [...] En un cuadro de Balbec de un tórrido día de verano, un entrante de mar, encerrado entre las murallas de granito rosado, no parecía el mar, que iba a comenzar más allá. La continuidad del océano se sugería únicamente por algunas gaviotas que, al revolotear sobre aquello que a ojos del espectador era piedra, aspiraban en cambio la humedad marina. [...]

El esfuerzo de Elstir por despojarse ante la realidad de todas las nociones de su inteligencia era doblemente admirable, porque ese hombre que antes de pintar se volvía ignorante y olvidaba todo por probidad (pues lo que se sabe no es de uno), tenía justamente una inteligencia excepcionalmente cultivada. [JF 398-404]

2. LA REALIDAD DEL ARTE Y LA INMORTALIDAD DEL ALMA

Superioridad del arte sobre la vida*

La decepción que causan al principio las obras maestras puede atribuirse, efectivamente, a un debilitamiento de la impresión inicial, o al esfuerzo requerido para dilucidar la verdad. Dos hipótesis que se plantean en todas las cuestiones importantes, las cuestiones de la realidad del Arte, de la Realidad misma, o de la Eternidad del alma, entre las que debe elegirse; en la música de Vinteuil, esta elección se planteaba a cada momento bajo distintas formas. Por ejemplo, su música me parecía algo más auténtico que todos los libros conocidos. A veces pensaba que se debía al hecho de que, como lo que sentimos en la vida no es en forma de ideas, su traducción literaria, es decir intelectual, da cuenta de ello, lo explica, lo analiza, pero no lo recompone como la música, donde los sonidos parecen adoptar la inflexión del ser y reproducir esa punta interior y extrema de las sensaciones que nos da una embriaguez específica.

[LP 360]

---

* Remitimos al último capítulo de la presente edición. *(N. de la E.)*

Esencia como alma cautiva

Encuentro muy razonable la creencia céltica de que las almas de los seres perdidos están cautivas en algún otro ser inferior, en un animal, un vegetal o una cosa inanimada, perdidas para nosotros hasta el día, que para muchos nunca llega, en que pasamos junto al árbol o nos apoderamos del objeto que lo aprisiona. Entonces se estremecen, nos llaman, y en cuanto las reconocemos, se rompe el maleficio. Liberadas, vencen a la muerte y vuelven a vivir con nosotros.

Así ocurre con nuestro pasado. Es trabajo perdido tratar de evocarlo, e inútiles todos los esfuerzos de nuestra inteligencia. Se oculta fuera de su dominio y de su alcance, en un objeto material (en la sensación que nos daría ese objeto material) que no sospechamos. Del azar depende que topemos con ese objeto antes de morir o que nunca demos con él. [CS 44]

Inmortalidad del alma

Por fin, [Bergotte] llegó frente al Vermeer que recordaba más resplandeciente y distinto de cuantos llevaba vistos [...]. Fijaba su mirada, lo mismo que un niño ante una mariposa que desea cazar, sobre el valioso detalle del muro. «Así debiera haber escrito, se decía. Mis últimos libros son demasiado áridos, tendría que haberles dado varias capas de color, volver mi frase en sí misma valiosa, como este pequeño trozo de pared amarillo». [...]

Sólo cabe decir que todo ocurre en nuestra vida como si entráramos en ella con un fardo de obligaciones contratadas en una vida anterior; no hay ninguna razón en nuestras condiciones de vida en este mundo para que nos creamos obligados a hacer el bien, a ser delicados, hasta educados, como tampoco para el artista ateo a creerse en la obligación de reiniciar veinte veces un mismo pasaje con el fin de suscitar una admiración que poco ha de importar a su cuerpo comido por los gusanos, como aquel detalle de pared amarilla que pintó con tanta sabiduría y delicadeza un artista desconocido para siempre y apenas identificado bajo el nombre de Vermeer. Todas estas obligaciones que no obtienen su sanción en la vida presente parece que pertenecen a un mundo diferente, fundado en la bondad, el escrúpulo, el sacrificio, un mundo por completo distinto de éste y del que surgimos para nacer en esta tierra, antes seguramente de regresar a él y revivir bajo el imperio de esas leyes desconocidas a las que obedecemos porque portábamos su enseñanza en nosotros, sin saber quién las había dictado, esas leyes a las que nos aproxima cualquier trabajo profundo de la inteligencia y que son invisibles únicamente, ¡y ni siquiera!, a los tontos. De suerte que la idea de que Bergotte no había muerto para siempre no es inverosímil.   [LP 177]

Realidad independiente de la esencia

Swann no se equivocaba al creer que la frase de la sonata existía realmente. Ciertamente humana desde ese punto de vista, pertenecía no obstante a un orden de criaturas sobrenaturales e imperceptibles, pero que reconocemos a pesar de todo extasiados cuando un explorador de lo invisible consigue capturar una y traerla desde el mundo divino a que tiene acceso para que brille por un instante sobre el nuestro. Eso había hecho Vinteuil con la breve frase. Swann sentía que el compositor se había limitado, con sus instrumentos de música, a desvelarla, a hacerla visible... [CS 347]

Sólo hay intersubjetividad artística

Unas alas, otro sistema respiratorio, que nos permitieran cruzar la inmensidad, no nos servirían de nada. Pues si fuéramos a Marte o a Venus conservando los mismos sentidos, revestirían con el mismo aspecto de la Tierra todo cuanto pudiéramos ver. El único viaje verdadero, el único baño de Juventud, no sería ir hacia nuevos paisajes, sino tener otros ojos, ver el universo con los ojos de otro, de cien otros, ver los cien universos que cada uno de ellos ve, que cada uno de ellos es. [...] Y así como ciertos seres son los últimos testigos de una forma de vida que la naturaleza abandonó, me preguntaba si la música no era el único ejemplo de lo que podría haber sido—de no haberse inventado el lenguaje, la composición de las palabras, el análisis de las ideas—la comunicación de las almas. Es como una posibilidad sin continuidad; la humanidad ha tomado otros caminos, el del lenguaje hablado y escrito. [LP 247]

3. LA ESENCIA COMO DIFERENCIA CUALITATIVA

La esencia es singular y principio de individuación

«Me dijiste que habías visto algunos cuadros de Vermeer; puedes darte perfecta cuenta de que son todos fragmentos de un mismo mundo, que se trata siempre, cualquiera que sea el ingenio con el que se recrea, de la misma mesa, la misma alfombra, la misma mujer, la misma nueva y única belleza, enigma en esta época en la que nada se le parece ni la explica, si no tratamos de emparentarla por los temas, sino de extraer la impresión particular que produce el color. Pues bien, esta belleza nueva es idéntica en todas las obras de Dostoievski: la mujer de Dostoievski (tan particular como una mujer de Rembrandt), cuyo misterioso rostro torna súbitamente su afable belleza, como si hubiera representado la comedia de la bondad, en una terrible insolencia (aunque en el fondo parezca más bien buena), ¿no es acaso siempre la misma, ya sea Nastasia Philipovna [...] o Gruchenka [...]? Gruchenka o Nastasia son figuras tan originales, tan misteriosas, no sólo como las cortesanas de Carpaccio, sino como la Bethsabée de Rembrandt. Date cuenta de que sólo dio certeramente en ese rostro deslumbrante, doble, con bruscos accesos de orgullo que muestran a la mujer de otro modo a como es («Tú no eres ésa», dice Muichkine a Nastasia en la visita a los padres de Gania, y Aliocha podría decírselo a Gruchenka en la visita a Katherina Ivanovna). [...] Pero volviendo a la belleza nueva que Dostoievski ha aportado al mundo, como en Vermeer se da la creación de una determinada alma, de un determinado color de los tejidos y los lugares, en Dostoievski no hay solamente creación de seres, sino de estancias, y la casa del asesinato en *Crimen y castigo,* con su portero, ¿no es tan extraordinaria como la obra maestra de la casa del asesinato en *El idiota,* esa sombría, y cuán larga, alta y vasta casa de Rogojine donde mata a Nastasia Philipovna? Esta belleza nueva y terrible de una casa, o la belleza nueva y mixta de un rostro femenino es la aportación exclusiva de Dostoievski al mundo, y las comparaciones que algunos críticos literarios pueden hacer entre él y Gogol, o entre él y Paul Kock, carecen de interés, ya que son apenas exteriores a esta secreta belleza. Pero además, si como te he dicho la misma escena se reproduce de novela en novela, en el seno de una misma novela, si es muy larga, también se reproducen las mismas escenas y los mismos personajes. [...] En Dostoievski encuentro pozos sumamente profundos sobre algunos puntos aislados del alma humana. Pero es un gran creador. El mundo que describe da la impresión de ser, ante todo, una auténtica creación suya. Todos esos bufones que reaparecen una y otra vez, los Lebedev, Karamazov, Ivolguine, Seguev, todo ese increíble cortejo es una humanidad más fantástica que la que puebla *La Ronda de noche,* de Rembrandt. Y seguramente, en cambio, es fantástica de la misma manera—por la iluminación y la vestimenta—y en el fondo es corriente. En todo caso, es a la vez una humanidad repleta de verdades, profunda y única, propia sólo de Dostoievski. El aspecto de esos bufones es hoy casi inexistente, como algunos personajes de la comedia antigua, y no obstante

¡cuánta verdad revelan del alma humana! [...] ¿Has reparado en la función que desempeñan en sus personajes el amor propio y el orgullo? Diríase que para él el amor y el odio más encarnizado, la bondad y la traición, la timidez y la insolencia, no son sino dos estados de una misma naturaleza... [LP 363-367]

Los dos poderes de la esencia: diferencia y repetición

A menudo reaparecía alguna frase de la sonata, pero siempre variada por un ritmo o un acompañamiento diferentes, la misma y no obstante otra, como reaparecen las cosas en la vida. Era una de esas frases que, sin que sea posible comprender la clase de afinidad que les asigna como morada única y necesaria el pasado de un determinado músico, no se encuentran más que en su obra y reaparecen en ella constantemente, como si fueran sus hadas, sus dríadas o sus divinidades familiares. Distinguí primero en el septeto dos o tres que me recordaron la sonata. Después [...] percibí otra frase de la sonata, tan alejada aún que apenas la reconocía; vacilante, se aproximó, desapareció como ahuyentada, luego volvió, se unió a otras nuevas, venidas como supe más tarde de otras obras, llamó a algunas más, también atrayentes y persuasivas una vez domeñadas, y entraron en la ronda [...]. Luego aquella frase se desvaneció, se transformó, como hacía la breve frase del principio de la sonata, y volvió a ser el misterioso reclamo del inicio. [...] Esta frase era lo que mejor podía caracterizar—como si cortara con todo el resto de mi vida, con el mundo visible—esas impresiones que a intervalos alejados recuperaba en mi vida como los puntos de referencia, los primeros jalones para la construcción de una auténtica vida: aquella impresión que sentí frente a los campanarios de Martinville, o ante una hilera de árboles junto a Balbec. [LP 247-249]

IV. LOS SIGNOS SENSIBLES

1. LA MEMORIA Y EL OLVIDO

La memoria y la inteligencia voluntarias

¿Cómo no iba yo a recordar únicamente, de cualquiera de mis amigas de la cuadrilla, sino la última cara que había visto de ella, cuando de nuestros recuerdos relativos a una persona la inteligencia elimina todo lo que no concurre a la utilidad inmediata de nuestras relaciones cotidianas (sobre todo si estas relaciones están impregnadas de un poco de amor, que siempre insatisfecho vive en el mundo aún por venir)? Ésta deja escapar la cadena de los días pasados; sólo retiene fuertemente su último eslabón, a veces de un metal completamente distinto al de los eslabones perdidos en la noche, y en nuestro viaje por la vida no acepta por real más que el país donde habitamos en el momento actual. Mis primeras impresiones, ya tan lejanas, no hallaban en mi memoria un remedio contra su deformación diaria... [JF 509]

La memoria involuntaria (análoga a la metáfora)

Los recuerdos en el amor no son una excepción de las leyes generales de la memoria, regidas a su vez por las leyes más generales del hábito. Dado que éste todo lo debilita, aquello que mejor nos evoca un ser es justamente lo que habíamos olvidado (algo insignificante a lo que precisamente por eso dejamos toda su fuerza). Porque la mejor parte de nuestra memoria está fuera de nosotros, en una brisa húmeda, en el olor a cerrado de una estancia o en el aroma de un primer fuego, allí donde encontremos algo de nosotros mismos que desdeñó nuestra inteligencia por no verle el uso, la última reserva del pasado, la mejor, aquella que sabe hacernos llorar cuando nuestras lágrimas parecían haberse secado. ¿Fuera de nosotros? Mejor dicho en nosotros, pero sustraído a nuestra propia mirada, en un olvido más o menos prolongado. Sólo gracias a este olvido podemos de vez en cuando recuperar el ser que fuimos, situarnos frente a las cosas como lo estuvo él, sufrir de nuevo, porque ya no somos nosotros sino él, y él amaba eso que nos es ahora indiferente. A la luz de la memoria habitual, las imágenes del pasado palidecen poco a poco, se disipan, nada queda ya en ellas ni volveremos a encontrarlas. O más bien no volveríamos a encontrarlas si no fuera porque algunas palabras... quedan cuidadosamente guardadas en el olvido, lo mismo que se deposita en la Biblioteca nacional un ejemplar de un libro que de no ser así sería inencontrable. [JF 212]

2. TIPOS DE SIGNOS SENSIBLES

a) Los descubrimientos (por la imaginación y el deseo)

Algunos de esos días despejados y de tanto frío, había tal comunicación con la calle que las paredes parecían separadas, y cada vez que pasaba el tranvía su timbre resonaba como si un cuchillo de plata golpeara contra una casa de cristal. Pero era sobre todo en mí donde oía con entusiasmo el nuevo sonido del violín interior, cuyas cuerdas se tensan o se aflojan por las simples diferencias de temperatura y de luz exteriores. En nuestro ser, instrumento que la uniformidad del hábito ha silenciado, el canto nace de esas diferencias y variaciones origen de toda música: según el tiempo que hace algunos días, pasamos de una nota a otra. Recuperamos así aquel sonido olvidado cuya necesidad matemática deberíamos haber adivinado y que al principio entonamos sin conocer. Sólo estas modificaciones internas, aunque procedentes de afuera, renuevan para mí el mundo exterior. [...]

Aun si lo que pedimos del nuevo día son sólo deseos, hay algunos—no los que provocan las cosas, sino los seres—que se caracterizan por ser individuales. Así, si salía de mi cama para ir un momento a descorrer la cortina de mi ventana, no era solamente como un músico abre un instante su piano a comprobar si sobre el balcón y en la calle la luz del sol estaba exactamente al mismo diapasón que en su recuerdo; era también para ver a alguna lavandera con su cesto de ropa, o a una panadera con su mandil azul [...], una imagen, en fin, que ciertas diferencias de líneas acaso cuantitativamente insignificantes bastaban para hacer tan diferente de cualquier otra, como en una frase musical la diferencia de notas... [LP 20]

Los días en que no bajaba a casa de madame de Guermantes, para que el tiempo se me hiciera más corto durante esa hora previa al regreso de mi amiga, ojeaba algún álbum de Elstir o un libro de Bergotte.

Sin darme cuenta—igual que las obras que presuntamente se dirigen sólo a la vista y al oído exigen para disfrutarlas que nuestra inteligencia despierta colabore estrechamente con esos dos sentidos—, extraía entonces de mí los sueños que Albertina me suscitó en otro tiempo, cuando aún no la conocía, y que la vida cotidiana había extinguido. Los vertía en la frase del músico o en la imagen del pintor como en un recipiente, y enriquecía así la obra que leía. De este modo, me resultaba más viva. Por otra parte, Albertina no salía menos beneficiada, al verse así transportada de uno a otro de los dos mundos a que tenemos acceso, donde podemos situar sucesivamente un mismo objeto, y escapar así a la aplastante presión de la materia para actuar sobre los fluidos espacios del pensamiento. Súbitamente, y por un instante, me veía capaz de experimentar por la tediosa muchacha sentimientos ardientes. En aquel momento, ella se parecía a una obra de Elstir o de Bergotte, y yo sentía una exaltación momentánea al verla a través de la imaginación y del arte. [LP 49]

Albertina sentía por las prendas bonitas mucha más ilusión que la duquesa, porque, como cualquier obstáculo interpuesto a una posesión (como en mi caso la enfermedad, que me hacía tan difíciles y deseables los viajes), la pobreza, más generosa que la opulencia, da a las mujeres mucho más que el vestido que no pueden comprar: el deseo de ese vestido, que representa el conocimiento verdadero, detallado, profundo. [...] Así, un determinado sombrero, un abrigo de cibelina, un salto de cama de Doucet con las mangas forradas de color rosa, que Albertina había visto, anhelado y, gracias al exclusivismo y a la minuciosidad características del deseo, aislado del resto [...], adquirían para ella una importancia y un atractivo que ciertamente no tenían para la duquesa, saciada aun antes de sentir apetito. [...] Cierto es que Albertina se iba convirtiendo paulatinamente en una de esas mujeres elegantes. Pues, además de que las cosas que yo le encargaba eran las más bonitas en su estilo, con todos los refinamientos que les habrían conferido madame de Guermantes o madame Swann, comenzaba a poseer ya muchas. Pero eso no tenía demasiada importancia, dado que las había deseado antes por separado. Cuando hemos admirado a un pintor, y luego a otros muchos, podemos sentir al final por todo el museo una admiración que no resulte glacial, sino constituida de amores sucesivos, cada uno exclusivo en su momento y finalmente enlazados y conciliados. [LP 55-56]

¿Qué eran, en sí mismas, Albertina y Andrea? Para saberlo, habría que inmovilizaros, dejar de vivir en esta perpetua espera en la que pasáis a ser otras; sería preciso no desearos, y, para fijaros, no conocer vuestra interminable y siempre desconcertante llegada ¡oh, muchachas!, ¡oh, haz continuo en el torbellino donde palpitamos al veros reaparecer sin apenas reconoceros en la vertiginosa velocidad de la luz! Acaso ignoraríamos esa velocidad y todo nos parecería inmóvil, si una atracción sexual no nos hiciera correr hasta vosotras, gotas de oro perennemente desiguales que rebasan siempre nuestra expectativa. En cada ocasión, una muchacha se asemeja tan poco a lo que era la vez anterior (haciendo añicos el recuerdo atesorado y el deseo proyectado en cuanto la vemos), que la estabilidad de naturaleza que le atribuimos es sólo ficticia y por comodidad del lenguaje. [...] No digo que no llegue un día en que, incluso a esas luminosas muchachas, no asignemos caracteres nítidos, pero será porque habrán dejado de interesarnos, porque su entrada no representará para nuestro corazón una aparición distinta a la esperada que le deja estremecido por nuevas encarnaciones. Su inmovilidad procederá de nuestra indiferencia, que las librará al juicio del espíritu. [...] Así, del falso juicio de la inteligencia, que sólo entra en juego cuando se ha perdido el interés, saldrán definidos algunos caracteres estables de las muchachas que no nos enseñarán más que aquellos sorprendentes rostros surgidos a diario cuando, en la velocidad arrebatadora de nuestra espera, nuestras amigas aparecían todos los días, todas las semanas, demasiado diferentes como para permitirnos clasificarlas o asignarles un lugar en un movimiento incesante. Para nuestros sentimientos, hemos insistido ya en ello, muchas veces un amor no es más que la asociación de la imagen de una muchacha (que sin eso pronto nos resultaría insoportable) con las palpitaciones del corazón inseparables a una espera interminable...

[LP 57-59]

Amor es decir demasiado, pero el placer carnal ayuda al trabajo de las letras, porque anula los demás placeres, como por ejemplo los placeres de la sociedad, que son los mismos para todo el mundo. E incluso si este amor conduce a desilusiones, agita al menos de ese modo la superficie del alma, que sin ello se arriesga a quedar estancada. El deseo, pues, no resulta inútil al escritor para alejarlo, primero, de los demás hombres y de su conformidad con ellos, y, después, para imprimir algún movimiento en una máquina espiritual que pasada una cierta edad tiende a inmovilizarse.   [LP 172]

b) Las reminiscencias (análogas al arte)*

Si, gracias al olvido, el recuerdo no ha podido establecer ningún vínculo, empalmar ningún eslabón entre él

---

* Remitimos a las distintas reminiscencias evocadas en la presente edición. *(N. de la e.)*

y el momento presente, si ha permanecido en su lugar y en su momento, si ha guardado sus distancias, su aislamiento en lo hondo de un valle o en el extremo de una cima, nos hace respirar de pronto un aire nuevo, precisamente porque es un aire que respiramos en otro tiempo—ese aire que los poetas han tratado en vano que reinara en el paraíso y que sólo podría dar esa sensación profunda de renovación si se ha respirado antes, pues los verdaderos paraísos son los paraísos perdidos.

[TR 177]

Mecanismo asociativo de la reminiscencia: semejanza y contigüidad*

El sol se había puesto. La naturaleza volvía a reinar en el Bosque, de donde había huido la idea de que era el Jardín elíseo de la Mujer; sobre el molino ficticio, el cielo verdadero estaba grisáceo; el viento ondulaba el Gran Lago de pequeñas olas, como un lago de verdad; grandes pájaros cruzaban velozmente el Bosque, como un auténtico bosque, y lanzando agudos chillidos se posaban uno tras otro sobre los años robles, que bajo su corona druídica y con una majestad dodoneana parecían proclamar el inhumano vacío del bosque en desuso, y me ayudaban a comprender mejor la contradicción de buscar en la realidad las imágenes de la memoria,

---

* Remitimos a las distintas reminiscencias evocadas en la presente edición. *(N. de la e.)*

porque les faltaría siempre el encanto del recuerdo mismo y de no ser percibidas por los sentidos. La realidad que yo conocí ya no existía. Bastaba que madame Swann no llegara exactamente igual y en el mismo momento, para que la Avenida fuera distinta. Los lugares que conocimos sólo pertenecen al mundo del espacio donde los enclavamos por comodidad. No eran más que una fina capa entre impresiones contiguas que formaban nuestra vida de entonces; el recuerdo de una determinada imagen no es sino la añoranza de un determinado instante; y, desgraciadamente, las casas, los caminos, las avenidas son tan fugitivos como los años.

[CS 419-420]

Superación de la asociación:

a) Por la alegría (del sujeto)

Volví a apearme del coche un poco antes de llegar a la residencia de la princesa de Guermantes, y de nuevo pensé en aquella lasitud y aquel hastío con que la víspera trataba de percibir la línea que, en uno de los campos más reputados y hermosos de Francia, separaba en los árboles la sombra de la luz. [...] Me repetía a mí mismo que, al intentar aquella descripción, no sentí nada de ese entusiasmo que, si bien no es el único, sí es un primer criterio del talento. Trataba ahora de extraer de mi memoria otras «instantáneas», especialmente instantáneas tomadas en Venecia, pero ya sólo el nombre me la hacía tan aburrida como una exposición de fotografías, y no me sentía hoy con más gusto ni talento para describir lo que vi en otro tiempo, que ayer lo que observaba en el momento mismo con minuciosidad y pesadumbre. [...] Tenía ahora la prueba de que no era bueno en nada, de que la literatura no podía procurarme gozo alguno, bien por culpa mía, por estar tan poco dotado, bien por la suya, si efectivamente había en ella menos realidad de lo que yo creí. [...] En cuanto a los «goces de la inteligencia», ¿podía llamar así a aquellas frías constataciones que mi clarividencia o mi razonamiento exacto destacaban sin ningún placer, y que resultaban infecundas? [...] Mientras meditaba los tristes pensamientos de hace un momento, entré en el patio de la residencia de los Guermantes y, distraído, no reparé en que se acercaba un coche; el grito del *wattman* me dio justo el tiempo de apartarme bruscamente a un lado, y retrocedí lo suficiente para tropezar sin querer contra los adoquines bastante irregulares tras los cuales había una cochera. Mas en el instante en que, recobrando mi aplomo, pisé un adoquín menos saliente que el anterior, todo mi desaliento se esfumó ante la misma felicidad que, en distintas épocas de mi vida, me dio la visión de unos árboles que creí reconocer durante un paseo en coche por los alrededores de Balbec, la visión de los campanarios de Martinville, el sabor de una magdalena mojada en una infusión de té, y tantas otras sensaciones de las que he hablado y que las últimas obras de Vinteuil me parecieron sintetizar.

[TR 171-173]

b) Por la identidad (de la cualidad)

La felicidad que acababa de sentir se asemejaba, efectivamente, a la que experimenté al comer la magdalena y cuyas causas profundas evité investigar entonces. La diferencia, puramente material, radicaba en las imágenes evocadas; un azur profundo me excitaba los ojos, impresiones de frescor y de luz cegadora me circundaban...: «Atrápame al vuelo si puedes, y trata de resolver la enigmática felicidad que te propongo». Y casi inmediatamente la reconocí: era Venecia, de la que nunca me habían dicho nada mis esfuerzos por describirla y las supuestas instantáneas tomadas por mi memoria, y que la sensación que sentí en otro tiempo sobre dos losas desiguales en el baptisterio de San Marcos me devolvía ahora con todas las demás sensaciones de aquel día unidas a esta sensación, que habían aguardado en su sitio, en la serie de los días olvidados, hasta que un brusco azar las hizo salir imperiosamente. De la misma manera que el sabor de la pequeña magdalena me recordó a Combray. [...] Entré en la residencia de los Guermantes. [...] Pero al llegar a la primera planta, un mayordomo me hizo pasar un momento a un saloncito-biblioteca contiguo al *buffet*, hasta que terminara la pieza de música que interpretaban, pues la princesa había prohibido que abrieran las puertas durante la ejecución. Y en aquel mismo instante, una segunda advertencia vino a reforzar la de aquellos dos adoquines irregulares y a exhortarme a perseverar en mi labor. En efecto, un criado, en su infructuoso esfuerzo por no hacer ruido, acababa de golpear una cuchara contra un plato. Me invadió la misma clase de felicidad que me dieron las losas irregulares; las sensaciones eran igualmente calurosas, pero muy distintas: una mezcla de olor a humo, atenuada por el fresco aroma de un marco forestal; y reconocí que lo que me resultaba tan agradable era aquella misma hilera de árboles que tan aburrida me pareciera de observar y describir [...].

Habríase dicho que los signos que aquel día me sacarían de mi desánimo y me devolverían la confianza en las letras se empeñaban en multiplicarse, pues un criado con mucho tiempo de servicio en casa del príncipe de Guermantes me reconoció y, para evitarme ir al *buffet,* me trajo a la biblioteca donde yo estaba un surtido de pastas y una naranjada, y me limpié la boca con la servilleta que me dio; [...] la servilleta que utilicé tenía precisamente la misma aspereza y rigidez de aquella otra con la que tanto me costó secarme frente a la ventana el primer día de mi llegada a Balbec.

[TR 173-175]

---

c) Por la verdad (de la sensación)

No me fijaba en la gran diferencia que hay entre la verdadera impresión que hemos tenido de una cosa y nuestra impresión ficticia cuando voluntariamente tratamos de representárnosla; recordando muy bien con qué relativa indiferencia Swann podía hablar en otro tiempo de los días en que era amado—porque tras estas palabras veía otra cosa que esos días—y el súbito dolor que le causó la breve frase de Vinteuil al devolverle aquellos mismos días tales como antaño los sintiera, comprendí de sobras que la sensación de las losas desiguales, la aspereza de la servilleta, el sabor de la magdalena despertaron en mí algo que no tenía relación con lo que trataba de recordar de Venecia, de Balbec, de Combray con ayuda de una memoria uniforme...

[TR 176]

El tiempo recobrado de los signos sensibles: el Tiempo perdido

Discurría con rapidez sobre todo esto, más imperiosamente atraído por buscar la causa de esa felicidad y por la certeza con que se imponía, búsqueda en otro tiempo aplazada. E intuía esta causa al comparar entre sí aquellas diversas sensaciones felices, y que tenían de común entre ellas el hecho de que yo sentía a la vez en el momento actual y en un momento lejano el ruido de la cuchara contra el plato, la irregularidad de las losas y el sabor de la magdalena, hasta casi confundir el pasado con el presente y no saber con seguridad en cuál de los dos me hallaba; en realidad, el ser que disfrutaba en mí de esta impresión la disfrutaba por lo que tenía de común en un día pasado y ahora, por lo que tenía de extemporal; un ser que sólo aparecía cuando, por una de estas identidades entre el presente y el pasado, se encontraba en el único medio donde podía vivir y gozar de la esencia de las cosas, es decir fuera del tiempo. Esto explicaba que mis inquietudes sobre la muerte cesaran en el momento en que reconocí inconscientemente el sabor de la pequeña magdalena, porque el ser que fui en ese momento era un ser extemporal, despreocupado por tanto de las vicisitudes del futuro. No vivía sino de la esencia de las cosas, y no podía captarla en el presente, donde, como la imaginación no entraba en juego, los sentidos eran incapaces de brindársela; incluso el futuro hacia el que tiende la acción nos la brinda. Aquel ser nunca vino a mí, no se manifestó jamás sino al margen de la acción y del goce inmediato, cada vez que el milagro de una analogía me hacía evadirme del presente. Sólo él podía hacerme recobrar los días pasados, el Tiempo perdido, ante el cual los esfuerzos de mi memoria y de mi inteligencia fracasaban siempre. [TR 177-178]

El «Tiempo recobrado» de la esencia

Era tal ahora mi sed de vivir, que acababa de renacer en mí, por tres veces, un verdadero momento del pasado.

¿Nada más que un momento del pasado? Acaso mucho más, algo que, común a la vez al pasado y al presente, es mucho más esencial que los dos. Cuántas veces, en el transcurso de mi vida, la realidad me había decepcionado porque cuando la percibía mi imaginación, que era mi única facultad para gozar de la belleza, no podía aplicarse a ella, en virtud de la ley inevitable que dispone que sólo se pueda imaginar lo que está ausente. Y he aquí que el efecto de esta rígida ley quedaba neutralizado, suspendido, por un recurso maravilloso de la naturaleza, que hizo reflejar una sensación—el ruido del tenedor y del martillo, un mismo título de libro, etc.—a la vez en el pasado, permitiendo que mi imaginación la disfrutara, y en el presente, donde la alteración efectiva de mis sentidos por el ruido, el contacto de la servilleta, etc. añadió a los sueños de la imaginación aquello de que carecen normalmente: la idea de existencia; y, gracias a este subterfugio, permitió a mi ser obtener, aislar, inmovilizar el instante de un relámpago aquello que no apresa jamás: un poco de tiempo en estado puro. [TR 178-179]

3. EL SER DEL PASADO

La realidad virtual

El ser que renació en mí [...] no se nutre más que de la esencia de las cosas, sólo en ella encuentra su subsistencia y sus delicias. Languidece en la observación del presente, donde los sentidos no pueden ofrecérsela, en la consideración de un pasado que la inteligencia le deseca, en la expectativa de un futuro que la voluntad construye con fragmentos del presente y del pasado a los que priva incluso de su realidad, sólo conservando de ellos lo que conviene al fin utilitario e íntimamente humano que les asigna. Pero un ruido o un olor que, oído o aspirado anteriormente, lo sean de nuevo a la vez en el presente y en el pasado, reales sin ser actuales, ideales sin ser abstractos, libera de inmediato la esencia permanente y habitualmente oculta de las cosas [...]. Un minuto liberado del orden del tiempo ha recreado en nosotros, para poder sentirlo, al hombre liberado del orden del tiempo [...], y se comprende que el término «muerte» no tenga sentido para él; pues, situado fuera del tiempo, ¿qué podría temer del futuro?

[TR 179]

El pasado en sí

Ciertamente podemos prolongar los espectáculos de esa memoria voluntaria que no nos exige más fuerzas que hojear un libro de estampas. Así, [...] con el placer egoísta de un coleccionista, me decía mientras catalogaba las ilustraciones de mi memoria: «La verdad es que he visto hermosas cosas en mi vida». Entonces mi memoria afirmaba seguramente la diferencia de las sensaciones; pero no hacía más que combinar entre sí elementos homogéneos. No sucedería lo mismo con los tres recuerdos que acababa de tener [...]. Hubo en mí, irradiando una pequeña zona en derredor mío, una sensación (sabor de la magdalena mojada, ruido metálico, sensación del paso) que era común al lugar donde me encontraba y a otro lugar (habitación de París/habitación de mi tía Octavia; biblioteca del príncipe de Guermantes/vagón del tren; patio de la residencia Guermantes/baptisterio de San Marcos). [...] En todas estas resurrecciones, siempre el lugar antiguo engendrado en torno de la sensación común se había acoplado por un instante, como un luchador, al lugar actual.

De manera que ese ser tres o cuatro veces resucitado en mí acababa de saborear con toda probabilidad fragmentos de existencia sustraídos al tiempo, pero esta contemplación, aunque de eternidad, era fugitiva. [...] Por eso, estaba decidido ahora a consagrarme a esa contemplación de la esencia de las cosas, a determinarla; pero ¿cómo? ¿por qué medio? [...] Demasiado había experimentado la imposibilidad de encontrar en la realidad lo que estaba en el fondo de mí mismo, de recobrar el Tiempo perdido en la plaza de San Marcos —como no lo encontré en mi segundo viaje a Balbec, o a mi regreso a Tansonville para ver a Gilberta—, y que el viaje, que no hacía sino darme una vez más la ilusión de que aquellas impresiones remotas existían fuera de mí, en el rincón de cierta plaza, no podía ser el medio que yo buscaba. [...] Bien advertía yo que la decepción del viaje y la decepción del amor no eran decepciones dispares, sino el aspecto variado que adopta, según el hecho a que se aplica, nuestra impotencia para realizarnos en el goce material y en la acción efectiva. Y al reconsiderar aquel goce extemporal causado por el ruido de la cuchara o por el sabor de la magdalena, me decía: «¿Era ésta la dicha que la breve frase de la sonata suscitaba a Swann, que se equivocó al identificarla con el placer del amor y no supo encontrarla en la creación artística...?». [TR 182-184]

Contingencia del recuerdo involuntario

Si bien nuestros recuerdos nos pertenecen, es a la manera de esas propiedades con pequeñas puertas ocultas que a veces ni siquiera nosotros conocemos y que nos abre algún vecino, de tal modo que nos encontramos de nuevo en casa por un lado que nunca habíamos utilizado. Entonces, pensando en el vacío que hallaría al volver a casa, donde no vería ya desde abajo el cuarto de Albertina, cuya luz se había apagado para siempre, comprendí hasta qué punto me equivoqué la noche en que, al dejar a Brichot, me sentí apesadumbrado de no poder ir a pasear y a cortejar a otro lugar, y que sólo porque consideraba completamente segura la posesión de aquel tesoro cuyos reflejos venían de arriba hasta mí, desdeñé calcular su valor, pareciéndome así forzosamente inferior a unos placeres que, por pequeños que fueran, valoraba al tratar de representármelos. [AD 76]

V. LOS SIGNOS DEL AMOR

1. SERIE: GENERALIDAD DE LA LEY

Las series del amor

Aunque un amor se olvide, puede determinar la forma del siguiente. Ya en el seno mismo del amor precedente existían algunos hábitos cotidianos, cuyo origen ni nosotros recordábamos [...], una especie de largas vías uniformes por donde discurre a diario nuestro amor fundidas antaño en el fuego volcánico de una emoción ardiente. Pero esos hábitos sobreviven a la mujer, incluso al recuerdo de la mujer. Pasan a ser la forma, si no de todos los amores, al menos de algunos de nuestros amores alternos. [AD 256]

El estado caracterizado por el conjunto de signos por los que solemos reconocer que estamos enamorados [...] difería tanto de eso que llamamos amor como difiere de la vida humana la de los zoófitos, cuya existencia o individualidad, si puede decirse así, está repartida entre distintos organismos. [...] Así, para mí ese estado amoroso estaba simultáneamente dividido entre varias muchachas. Dividido o más bien indiviso, porque normalmente lo que me resultaba más agradable, distinto del resto del mundo, y comenzaba a serme tan querido que la esperanza de hallarlo de nuevo al otro día constituía la mayor alegría de mi vida, era el grupo de aquellas muchachas, en el conjunto de aquellos atardeceres en el acantilado, durante aquellas aireadas horas, en aquella franja de hierba donde reposaban las figuras, tan excitantes para mi imaginación, de Albertina, Rosamunda y Andrea, sin que pudiera decir cuál de ellas hacía esos lugares tan valiosos, ni a quién tenía más deseos de amar. Al comienzo de un amor, lo mismo que al final, no estamos ligados exclusivamente al objeto de ese amor, sino que más bien el deseo de amar de donde va a surgir (y más tarde el recuerdo que deja), vaga voluptuosamente por una zona de atracciones intercambiables—encantos a veces simplemente de naturaleza, de comida, de morada—lo bastante armónicos entre sí como para que no se sienta desenraizado en ninguno de ellos. [JF 476-478]

Tuve una dicha y una desdicha que Swann no conoció, pues precisamente todo el tiempo que amó a Odette y se sintió tan celoso, apenas la vio, ya que difícilmente podía ir a su casa, sólo algunos días en que ella incluso anulaba su cita en el último momento. Pero luego la retuvo consigo, convertida en su mujer, hasta que murió. En cambio yo, más afortunado que Swann, mientras estaba celoso la tuve conmigo. Había conseguido verdaderamente lo que Swann tanto soñó y que sólo llegó a realizar materialmente cuando le resultaba ya indiferente. Pero al final yo no pude conservar a Albertina como él conservó a Odette. Ella había huido, y ahora estaba muerta. Pues nada se repite nunca exactamente, y las existencias más análogas, que gracias al parentesco de los caracteres y a la similitud de las circunstancias pueden presentarse como simétricas entre sí, son opuestas en muchos aspectos. [AD 81]

Una diferencia preside cada serie (carácter particular del amor)

Si Albertina tenía algo de la Gilberta de los primeros tiempos en su afición a la diversión, es porque existe una cierta semejanza, aunque evolucione, entre las mujeres que amamos sucesivamente, semejanza que se debe a la fijeza de nuestro temperamento, porque es él quien las escoge y elimina a todas aquellas que no nos sean a la vez opuestas y complementarias, es decir, adecuadas para dar satisfacción a nuestros sentidos y dolor a nuestro corazón. Esas mujeres son un producto de nuestro temperamento, una imagen, una proyección invertida, un «negativo» de nuestra sensibilidad. De suerte que un novelista podría describir a lo largo de la vida de su héroe casi exactamente iguales a sus sucesivos amores, y no dar la impresión de imitarse a sí mismo sino de crear, porque hay menos fuerza en una innovación artificial que en una repetición destinada a sugerir una verdad nueva. Incluso añadiría un índice de variación en el carácter del enamorado, acusándose a medida que progresa hacia nuevas regiones y otras latitudes de la vida. Y quizá expresaría aún una verdad más si trazara los caracteres del resto de personajes, pero se abstuviera de atribuir ninguno a la mujer amada. Conocemos el carácter de quienes nos resultan indiferentes, mas ¿cómo podríamos captar el de un ser que se confunde con nuestra vida, que llegamos a no separar de nosotros mismos, y sobre cuyos móviles no dejamos de elaborar ansiosas hipótesis, perpetuamente modificadas? [...] El objeto de nuestra inquieta investigación es más esencial que las particularidades de su carácter, semejante a esos rombos diminutos de la epidermis cuyas variadas combinaciones constituyen la decorativa originalidad de la piel. Nuestra intuitiva radiación las filtra y nos brinda imágenes que no corresponden a un rostro particular, sino que representan la sombría y dolorosa universalidad de un esqueleto.

[JF 457]

Repetición serial de esta diferencia (los sucesivos amores)

Y más aún que al pintor, al escritor, para conseguir volumen y consistencia, generalidad, realidad literaria, así como le hacen falta muchas iglesias para describir una sola, necesita también de muchos seres para un único sentimiento. Pues si el arte es largo y la vida corta, puede decirse en cambio que, si la inspiración es corta, los sentimientos que ha de describir no son mucho más largos. Son nuestras pasiones las que diseñan nuestros libros, y el intervalo de reposo lo que las escribe. Pues una obra, aunque sea una confesión directa, está intercalada cuando menos entre varios episodios de la vida del autor: aquellos anteriores que la inspiraron, los posteriores, no menos parecidos, ya que los amores siguientes y sus particularidades son un calco de los precedentes. Pues al ser más amado no le guardamos tanta fidelidad como a nosotros mismos, y tarde o temprano lo olvidamos—porque es uno de nuestros rasgos—para poder amar de nuevo. A lo sumo, aquella a quien tanto amamos añadió a ese amor una forma particular que nos hará serle fiel hasta en la infidelidad. Con la mujer siguiente, necesitaremos de los mismos paseos matutinos, o acompañarla también por la noche, o darle cien veces más dinero del necesario. [TR 215]

Forma serial de cada amor particular

Entre los dos paisajes de Balbec, tan diferentes uno de otro, figuraba el intervalo de varios años en París, durante los cuales se insertaban varias visitas de Albertina. En los distintos años de mi vida, la veía ocupar en relación a mí diversas posiciones, que me hacían sentir la belleza de los espacios interpuestos, ese largo tiempo pasado sin haberla visto en cuya diáfana profundidad se moldeaba con misteriosas sombras y un marcado relieve la traslúcida persona que tenía ante mí. Se debía, por otra parte, no solamente a la superposición de las susesivas imágenes que Albertina representó para mí, sino también a esas grandes cualidades de la inteligencia y del corazón, a defectos del carácter, unos y otros insospechados para mí, que, en una germinación, una proliferación de sí misma, una floración carnosa de oscuros colores, Albertina había añadido a una naturaleza antes prácticamente vacía y ahora difícil de penetrar. Pues los seres, incluso aquellos que de tanto soñar con ellos no nos parecían sino una imagen [...], a la vez que cambian en relación a nosotros, cambian también en sí mismos; y en la figura antes perfilada contra el mar había habido enriquecimiento, solidificación y aumento de volumen.

En realidad, ese enriquecimiento real, ese progreso autónomo de Albertina no era la causa importante de la diferencia que había entre mi modo de verla ahora y el de antes en Balbec, como tampoco lo eran el desplazamiento en el tiempo ni el hecho de observar a una muchacha sentada junto a mí bajo una lámpara que la alumbra de modo distinto a como lo hacía el sol en su cenit cuando ella caminaba por la orilla del mar. Otros muchos años habrían podido separar las dos imágenes sin comportar un cambio tan completo. Se había producido, esencial y repentinamente, cuando supe que mi amiga fue educada prácticamente por la amiga de mademoiselle Vinteuil. [...] La imagen que buscaba, en la que yo me recreaba, contra la que habría deseado morir, no era ya la de aquella Albertina con una vida desconocida, sino la de una Albertina tan conocida por mí como fuera posible (y por tal razón ese amor no podía ser duradero a menos de ser desgraciado, pues por definición no satisfacía la exigencia de misterio); la de una Albertina, no reflejo de un mundo lejano, sino que no deseara otra cosa—en algunos momentos parecía que, en efecto, así era—mas que estar conmigo, del todo semejante a mí, una Albertina imagen de lo que precisamente era mío y no de lo desconocido. Cuando un amor nace de este modo, de un momento de angustia relativo a un ser, de la incertidumbre de si podrá uno retenerlo o si escapará, ese amor está determinado por la convulsión que lo ha originado, y recuerda muy poco a lo que veíamos hasta entonces cuando pensábamos en ese mismo ser. [LP 63-68]

Lo que creemos nuestro amor y nuestros celos no es una única pasión continua e indivisible. Se compone de una infinidad de amores sucesivos y celos diferentes que son efímeros, pero por su multitud ininterrumpida dan la impresión de continuidad y la ilusión de unidad. La vida del amor de Swann y la fidelidad de sus celos estaban formados por la muerte y la infidelidad de innumerables deseos y dudas, que tenían todos a Odette por objeto. [CS 366]

A su vida harto conocida junto a nosotros, se agregan de pronto otras vidas con las que inevitablemente se mezcla, y que tal vez para mezclarse con ellas nos ha dejado. De suerte que esta riqueza nueva de la vida de la mujer desaparecida retroactúa en la mujer que estaba con nosotros y acaso premeditaba su partida. A la serie de los hechos psicológicos que podemos deducir y que forman parte de su vida a nuestro lado, de nuestra lasitud evidente para ella, de nuestros celos también [...], a esta serie no demasiado misteriosa para nosotros correspondía sin duda una serie de hechos que ignorábamos. [AD 10]

2. EL OLVIDO

Ambigüedad

El tiempo pasa, y poco a poco todo lo que decíamos de mentira resulta verdadero, como bien pude experimentar con Gilberta; la indiferencia que yo fingía cuando no cesaba de llorar acabó por realizarse; lentamente la vida, como le decía a Gilberta con una fórmula embustera y que retrospectivamente resultó cierta, la vida nos había separado. [...] No digo que el olvido no empezara a obrar. Pero uno de los efectos del olvido era precisamente que muchos de los aspectos desagradables de Albertina y de las horas aburridas que pasaba con ella no se representaran ya en mi memoria, y dejaran por tanto de motivarme a desear que ella no estuviera ya allí como deseaba cuando todavía estaba, dándome de ella una imagen sumaria, embellecida con todo el amor que sentí hacia otras. En esta forma particular, el olvido, que trabajaba no obstante para habituarme a la separación, me mostraba a Albertina más dulce, más bella, y me hacía desear aún más su regreso.

[AD 44-45]

Serie invertida

[...] Mi añoranza de Albertina y la persistencia de mis celos, cuya duración había rebasado ya mis previsiones más pesimistas, seguramente nunca se habrían transformado si su existencia, aislada del resto de mi vida, hubiera estado sometida únicamente al capricho de mis recuerdos, a las acciones y reacciones de una psicología aplicable a estados inmóviles, en vez de verse arrastrada hacia un sistema más vasto donde las almas se mueven en el tiempo como los cuerpos en el espacio. Así como hay una geometría en el espacio, hay una psicología en el tiempo, donde los cálculos de una psicología plana no serían entonces exactos porque no tendrían en cuenta el Tiempo y una de las formas que reviste: el olvido; ese olvido cuya fuerza comenzaba yo a sentir, y que es un poderoso instrumento de adaptación a la realidad porque destruye poco a poco en nosotros el pasado superviviente que está en constante contradicción con ella. [...] Sentía ahora que, como un viajero que vuelve por la misma ruta al punto de donde partió, antes de olvidarla por completo y alcanzar la indiferencia inicial, necesitaría atravesar en sentido inverso todos los sentimientos por los que pasé hasta llegar a mi gran amor. Pero esas etapas, esos momentos del pasado no son inmóviles; conservan la fuerza terrible y la feliz ignorancia de la esperanza que se lanzaba entonces hacia un tiempo convertido hoy en pasado, pero que una alucinación nos induce por un momento a tomar retrospectivamente como el futuro.

[AD 137-138]

Primera etapa: retorno a la indistinción

Pese a que, para retornar a la indiferencia de la que partimos, no podemos eludir transitar en sentido inverso las distancias recorridas hasta llegar al amor, el trayecto y la línea que seguimos no son forzosamente los mismos. Tienen de común el hecho de no ser directos, porque el olvido, como el amor, no progresa regularmente. Pero ambos no toman necesariamente las mismas vías. Y en la que yo seguí de regreso hubo, ya muy cerca de la llegada, cuatro etapas que recuerdo especialmente [...]

La primera de estas etapas comenzó al inicio del invierno [...]. Tarareaba en el Bosque algunas frases de la sonata de Vinteuil. Ya no me dolía tanto pensar en las veces que Albertina me las había interpretado, pues casi todos mis recuerdos de ella habían entrado en ese segundo estado químico donde no ocasionan ya una ansiosa opresión en el corazón, sino dulzura. [...] Únicamente añadía al pasaje musical un valor más, un valor en cierto modo histórico y curioso, como el que adquiere el cuadro de Carlos I pintado por Van Dyck, ya de por sí tan hermoso, por el hecho de que pasara a engrosar las colecciones nacionales por la voluntad de madame du Barry de impresionar al rey. Cuando la breve frase, antes de desaparecer del todo, se disgregó en sus diversos elementos, flotando aún un instante dispersa, no fue para mí, como para Swann, un mensaje de que Albertina desaparecía. La breve frase no había despertado en mí la misma asociación de ideas que en Swann. Yo fui sensible sobre todo a la elaboración, a los ensayos, a las reapariciones, al «devenir» de una frase que se realizaba durante la sonata, como ese amor se había realizado durante mi vida. [...]

Por lo demás, como la primera vez en Balbec cuando deseaba conocer a Albertina—porque me parecía representativa de aquellas muchachas que muchas veces, al verlas por las calles o por los caminos, me hacían detenerme, y creer que para mí ella podía resumir sus vidas— ¿no era natural que ahora la estrella vespertina de mi amor en que ellas se condensaron se dispersara de nuevo en aquel polvo de nebulosas diseminadas?*

[AD 141-142]

Segunda etapa: revelación de sus inclinaciones

Ciertas desdichas, como algunas venturas, llegan demasiado tarde y no adquieren en nosotros toda la intensidad que habrían tenido algún tiempo antes. Así fue con

---

* Alusión que remite al texto de las pp. 225-227 de nuestra edición. *(N. de la e.)*

la desgracia que suponía para mí la terrible revelación de Andrea. [...] Sin embargo, hacía algún tiempo que, como un veneno evaporado, las palabras referentes a Albertina carecían de su poder tóxico. La distancia era ya demasiado lejana [...]. Realmente habría querido tener más fuerza que consagrar a una verdad como aquella; me resultaba ajena, pero era porque no le había encontrado aún un lugar en mi corazón. Nos gustaría que la verdad se nos revelara por signos nuevos, no por una frase—una frase como la que tantas veces nos habíamos dicho. El hábito de pensar impide a veces sentir lo real, inmuniza contra ello, hace que siga pareciendo pensamiento. No hay una idea que no lleve en ella su refutación posible, una palabra la palabra contraria.

[AD 182]

Tercera etapa: Albertina viva

Sucedió, de manera inversa, lo mismo que con mi abuela: cuando me enteré *de hecho* que mi abuela había muerto no sentí al principio ninguna lástima. Y sólo sufrí verdaderamente por su muerte cuando recuerdos involuntarios la revivieron en mí. Ahora que Albertina no vivía ya en mi pensamiento, la noticia de que estaba viva no me causó la alegría que suponía. Albertina no había sido para mí sino un haz de pensamientos; había sobrevivido a su muerte material mientras estos pensamientos vivían en mí; en cambio, ahora que esos pensamientos habían muerto, de ningún modo Albertina resucitaba para mí con su cuerpo. Y al darme cuenta de que no me alegraba porque estuviese viva, de que ya no la amaba, debería sentir un estremecimiento mayor que el de alguien que, al mirarse en un espejo tras varios meses de viaje o de enfermedad, se viera con el cabello blanco y la cara nueva de un hombre maduro o de un anciano. Eso impresiona porque significa que el hombre que yo era, el joven rubio, ya no existe, y soy otro. Pues bien, ¿esa sustitución completa por un nuevo yo no es un cambio tan profundo, una muerte tan absoluta del yo que éramos como ver que un rostro arrugado y coronado por una peluca blanca ha sustituido al antiguo? Pero no aflige más transformarse en otro, por el paso de los años y el orden sucesivo del tiempo, de lo que aflige, en una misma época, ser alternativamente los seres contradictorios—el malvado, el sensible, el delicado, el grosero, el desinteresado, el ambicioso—que somos uno tras otro diariamente. Y la razón de no afligirse es la misma; es que el yo eclipsado—momentáneamente en el último caso y cuando se trata del carácter, para siempre en el primer caso y cuando se trata de las pasiones—no está allí para deplorar al otro [...].

Habría sido incapaz de resucitar a Albertina porque también lo era de resucitarme a mí mismo, de resucitar mi yo de entonces. [...] Mi cariño y mis celos por Albertina se debían, como hemos visto, a la irradiación de ciertos núcleos de impresiones dulces o dolorosas por asociación de ideas, al recuerdo de mademoiselle Vinteuil en Montjouvain, a los dulces besos de la noche que Albertina me daba en el cuello. Pero a medida que estas impresiones se debilitaron, el inmenso campo de impresiones que la coloreaban de una tintura angustiosa o plácida había adoptado tonalidades neutras. Una vez que el olvido se adueñó de algunos puntos dominantes de sufrimiento y de placer, la resistencia de mi amor quedó vencida, ya no amaba a Albertina. [...] Lo que ella pudo hacer con Andrea o con otras ya no me interesaba. No sufría ya del mal que creí durante tanto tiempo incurable, y en el fondo debería haberlo previsto. En realidad, la añoranza de una amante y los celos supervivientes son enfermedades físicas del mismo tipo que la tuberculosis o la leucemia. Sin embargo, entre los males físicos pueden distinguirse los causados por un agente puramente físico de aquellos que sólo actúan en el cuerpo por mediación de la inteligencia; sobre todo si la parte de la inteligencia que sirve de hilo transmisor es la memoria—es decir, si la causa queda suprimida o alejada—, por cruel que sea el sufrimiento, por profundo que parezca el trastorno ocasionado en el organismo, es muy raro que, al tener el pensamiento un poder de renovación o más bien una incapacidad de conservación que no tienen los tejidos, el pronóstico no sea favorable [...]: mi amor por Albertina no había sido más que una forma pasajera de mi devoción a la juventud. Creemos amar a una muchacha, y no amamos en ella ¡ay! sino aquella aurora cuya encarnación refleja momentáneamente su rostro. [AD 220-223]

Ley general en el paso de un amor a otro

Había dejado definitivamente de amar a Albertina. De suerte que, tras apartarse tanto este amor de lo que yo había previsto después de mi amor por Gilberta y haberme hecho dar un rodeo tan largo y doloroso, acababa también él por entrar—aunque hubiese sido una excepción, lo mismo que mi amor por Gilberta—en la ley general del olvido. Mas entonces pensé: me sentía más unido a Albertina que a mí mismo; ahora ya no lo estoy porque he dejado un tiempo de verla. Pero mi deseo de que la muerte no me separara de mí mismo, de resucitar después de la muerte, no era como el deseo de no separarme nunca de Albertina; era persistente. ¿Se debía acaso a que me consideraba más importante que ella, al hecho de que, cuando la amaba, me amaba más a mí mismo? No, era porque, al dejar de verla, dejé de amarla, y yo no había dejado de amarme porque mis lazos cotidianos conmigo mismo no se rompieron como lo hicieron los de Albertina. ¿Y si se rompieran los lazos con mi cuerpo, conmigo mismo...? Entonces sería lo mismo. Nuestro amor a la vida no es sino una vieja relación de la que no sabemos desembarazarnos. Su fuerza está en su permanencia. Pero la muerte quebrantadora nos curará del deseo de inmortalidad.   [AD 224]

3. REALIDAD TRANSUBJETIVA

Swann:

a) El iniciador de un destino

Cierto que en aquel Balbec tanto tiempo deseado no encontré la iglesia persa que soñaba, ni las brumas inmemoriales. Ni siquiera el encantador trenecito de la 1:35 h respondió a lo que yo me figuraba. Pero, a cambio de lo que la imaginación permite esperar y que tan inútilmente tratamos de descubrir, la vida nos ofrece algo que estábamos muy lejos de imaginar. ¡Quién me habría dicho en Combray, cuando con tanta tristeza esperaba las buenas noches de mi madre, que aquella ansiedad curaría y renacería después un día ya no por mi madre, sino por una muchacha que no sería al principio más que una flor contra el horizonte del mar [...] Pero si Swann no me hubiera hablado de Balbec yo no habría conocido a aquella Albertina tan necesaria, de cuyo amor mi alma se componía ahora casi por completo. Su vida habría sido seguramente más larga, la mía carecería de lo que ahora constituía su martirio. Y así me parecía que por mi cariño exclusivamente egoísta había dejado morir a Albertina, como había asesinado a mi abuela. [AD 83]

b) La «materia» de una experiencia

La materia de mi experiencia, que iba a ser la materia de mi libro, me venía de Swann, no sólo por todo lo que se refería a él y a Gilberta. Pues fue él quien en Combray me despertó el deseo de ir a Balbec, sin el cual a mis padres nunca se les habría ocurrido enviarme, y yo no habría conocido a Albertina, ni tampoco a los Guermantes, porque mi abuela no se habría encontrado a madame de Villeparisis y yo no habría conocido a Saint-Loup y a monsieur de Charlus, lo que me permitió conocer a la duquesa de Guermantes y por ella a su prima, así que mi presencia misma en este momento en casa del príncipe de Guermantes, donde se me acababa de ocurrir bruscamente la idea de mi obra (lo cual hacía que debiera a Swann no solamente la materia sino la decisión), me venía asimismo de Swann. Pedúnculo tal vez algo delgado, para sostener la extensión de toda mi vida (el «lado de Guermantes» yendo así a proceder del «lado de Swann»). [TR 221-222]

La madre: la «forma» de una experiencia

Estaba decidido a no seguir probando de dormirme sin haber visto a mamá, para besarla costase lo que costase, cuando volviera a acostarse, aun con la certeza de que estaría luego mucho tiempo enfadada conmigo [...].

Yo sabía que, de todos, era el trance que peores consecuencias podía acarrearme con respecto a mis padres, mucho peores en efecto de lo que ningún extraño habría supuesto, de aquellas que creería sólo derivadas de faltas verdaderamente bochornosas. Pero, en la educación que a mí me daban, el orden de las faltas no era el mismo que en la educación de los otros niños, y me habían acostumbrado a anteponer a todas las demás (porque sin duda no había otras contra las que hubiera que ser más cuidadosamente precavido) aquellas cuya característica común, según ahora comprendo, es que se incurre en ellas cediendo a un impulso nervioso...

Oí los pasos de mis padres que acompañaban a Swann [...]. Mi madre abrió la puerta con celosía del vestíbulo que daba a la escalera y oí que subía a cerrar su ventana. Salí quedo al pasillo; mi corazón latía con tanta fuerza que apenas podía andar, pero al menos ya no latía de ansiedad, sino de espanto y de alegría. Vi proyectarse en el hueco de la escalera la luz de la bujía de mamá. Por fin apareció ella, y me eché en sus brazos. En un primer momento, me miró con asombro, sin comprender lo que ocurría. Luego en su rostro se reflejó la irritación, no me decía ni una palabra [...]. Pero oyó que mi padre subía del tocador donde había ido a desvestirse y, para evitarme una escena, me dijo con una voz entrecortada por la furia: «¡Anda, escóndete, que al menos tu padre no te vea así, esperando como un bobo!». Pero yo le insistía: «Ven a darme las buenas noches», aterrorizado al ver cómo el reflejo de la bujía de mi padre ascendía por la pared, pero utilizando al mismo tiempo su proximidad como un medio de intimidación [...].

Mamá se quedó aquella noche en mi habitación, y, para no aguar con remordimientos aquellas horas tan distintas de lo que yo habría podido esperar, a la pregunta de Francisca—al darse cuenta de que pasaba algo extraordinario, viendo a mamá que se sentaba a mi lado, me cogía la mano y me dejaba llorar sin reñirme—: «Pero señora, ¿qué tiene el señorito para llorar de ese modo?», mamá le contestó: «Ni él mismo lo sabe, Francisca; está nervioso. Prepáreme en seguida la cama grande y suba a acostarse». Así, por primera vez, mi tristeza ya no se vio como una falta punible, sino como un mal involuntario que acababa de reconocerse oficialmente, como un estado nervioso del que yo no era responsable. [...]

Debiera haberme sentido feliz, pero no lo estaba. Me parecía que mi madre acababa de hacerme una primera concesión para ella dolorosa, que era una primera abdicación por su parte del ideal que concibiera para mí, y que por primera vez ella, tan resuelta, se confesaba vencida. Me parecía que si yo acababa de obtener una victoria era contra ella, que había logrado, como lo habrían hecho la enfermedad, las penas o la edad, debilitar su voluntad y quebrantar su ánimo, que aquella noche comenzaba una nueva era y que quedaría como una triste fecha. [CS 32-38]

Al oír aquellas palabras de disculpa, pronunciadas como si [Albertina] no fuera a venir, sentí que al deseo de volver a ver la figura aterciopelada que ya en Balbec orientaba todos mis días, al momento en que, ante el mar malva de septiembre, estaría junto a aquella rosada flor, venía dolorosamente a unirse un elemento muy distinto. Esa terrible necesidad de un ser la había sentido ya en Combray hacia mi madre, hasta el punto de querer morirme si enviaba a Francisca a decirme que no podía subir. [SG 130]

[Monsieur de Guermantes] se había enamorado de mademoiselle de Forcheville, sin que se conocieran bien los comienzos de esta relación. [...] Mas llegó a tomar proporciones tales que el anciano, emulando en ese último amor la manera de los que tuviera en otro tiempo, secuestraba a su amada hasta el punto de que, si mi amor por Albertina había repetido, con grandes variaciones, el amor de Swann por Odette, el amor de monsieur de Guermantes recordaba el que yo sentí por Albertina... [TR 322]

4. LA ESENCIA DEL AMOR

Esencia como generalidad: de una Idea, de una Imagen, de un Tema

Las mujeres a las que más he amado nunca coincidieron en mi amor por ellas. Ese amor era sincero, porque lo supeditaba todo a verlas, a conservarlas para mí solo, y sollozaba si una noche las estuve esperando inútilmente. Pero ellas tenían sobre todo la propiedad de suscitar ese amor y llevarlo hasta el paroxismo, más que la de ser su imagen. Cuando las veía o las oía, nada encontraba en ellas que se pareciera a mi amor y pudiera explicarlo. En cambio, mi única alegría era verlas, esperarlas toda mi ansiedad. Diríase que la naturaleza les había agregado accesoriamente una virtud ajena a ellas, y que esa virtud, ese poder electrizante tenía la capacidad de excitar mi amor, es decir de dirigir todas mis acciones y de ocasionar todos mis sufrimientos. Pero la belleza, la inteligencia o la bondad de esas mujeres no tenía nada que ver con eso. Fui sacudido por mis amores como movido por una corriente eléctrica; los viví y los sentí, pero nunca llegué a verlos o a pensarlos. Hasta me inclino a creer que en esos amores (dejo aparte el placer físico que generalmente los acompaña, sin que baste para constituirlos), bajo la apariencia de la mujer, nos dirigimos a esas fuerzas invisibles que la acompañan accesoriamente como a oscuras divinidades.

[SG 511]

Ciertos filósofos afirman que el mundo exterior no existe, y que es en el interior de nosotros mismos donde transcurre nuestra vida. Comoquiera que sea, el amor es, hasta en sus más humildes comienzos, un ejemplo asombroso de cuán poco significa la realidad para nosotros. Si tuviera que esbozar de memoria un retrato de mademoiselle de Éporcheville, describirla, plasmar sus caracteres, no me sería posible; ni siquiera la reconocería por la calle. La entreví de perfil, móvil, me pareció bonita, sencilla, alta y rubia, nada más podría decir. Pero todas aquellas reacciones del deseo, de la ansiedad, del golpe mortal que me asestaba el miedo a no verla si mi padre me llevaba consigo, todo eso asociado a una imagen que en definitiva yo no conocía y que bastaba con saberla agradable constituía ya un amor. [AD 146]

En el deseo—lo único que nos despierta el interés por la existencia y el carácter de una persona—, permanecemos tan fieles a nuestra naturaleza, aunque no obstante abandonemos uno tras otro a los distintos seres que hemos amado, que una vez, en el momento en que abrazaba a Albertina llamándola «mi pequeña», vi en el espejo la expresión triste y apasionada de mi propio rostro, semejante a como había sido en otro tiempo junto a Gilberta, que ya no recordaba, y al que sería seguramente algún día junto a otra muchacha si olvidaba a Albertina, y me hizo pensar que por encima de las consideraciones personales (ya que el instinto quiere que consideremos la mujer actual como la única verdadera) cumplía las obligaciones de una devoción ferviente y dolorosa consagrada como una ofrenda a la juventud y a la belleza de la mujer. Y no obstante, con ese deseo que honraba de un «exvoto» a la juventud, así como a los recuerdos de Balbec, se mezclaba, en mi necesidad de retener a Albertina todas las noches a mi lado, algo que hasta entonces fue ajeno a mi vida amorosa, si no enteramente nuevo en mi vida. Era un poder de apaciguamiento como nunca había sentido desde aquellas lejanas noches de Combray en que mi madre, reclinada sobre mi cama, me traía el descanso con un beso. [LP 68-69]

La inteligencia y el dolor

La felicidad es sólo saludable para el cuerpo; pero es el dolor el que desarrolla las fuerzas del espíritu. Además, aunque no nos descubriera una ley cada vez, no por eso sería menos indispensable para conducirnos a la verdad y forzarnos a tomar las cosas en serio, arrancando las malas yerbas del hábito, del escepticismo, de la ligereza, de la indiferencia. Cierto que esta verdad, que no es compatible con la felicidad ni con la salud, tampoco lo es siempre con la vida. El dolor acaba por matar. A cada nueva pena más intensa, sentimos abultarse una vena más y desarrollarse su mortal sinuosidad a lo largo de nuestra sien y bajo nuestros ojos. [...] Dejemos que nuestro cuerpo se disgregue, puesto que cada nueva parcela desprendida [...] viene a añadirse a nuestra obra. Las ideas son sucedáneos de las penas; una vez éstas se transforman en ideas, pierden parte de su acción nociva sobre nuestro corazón, e incluso en un primer momento la transformación desprende repentinamente alegría. Por otra parte, son sucedáneos sólo en el orden del tiempo, pues parece que el elemento primero es la idea, y el dolor solamente el modo en que ciertas ideas entran al principio en nosotros. No obstante en el grupo de las ideas hay varias familias, y algunas son inmediatamente alegrías. [TR 213]

La obra a la que han colaborado nuestros pesares puede ser interpretada por nuestro futuro a la vez como un signo nefasto de sufrimiento y como un signo venturoso de consolación. [...] Según el primer punto de vista, la obra debe considerarse únicamente como un amor desgraciado que presagia fatalmente otros, y que hará que la vida se asemeje a la obra, sin que el poeta apenas tenga ya necesidad de escribir; hasta ese punto podrá encontrar en lo que ha escrito la figura anticipada de lo que va a ocurrir. Así, mi amor por Albertina, pese a que era muy diferente, estaba ya inscrito en mi amor por Gilberta [...]

Mas, desde otro punto de vista, la obra es signo de felicidad, porque nos enseña que en todo amor lo general figura junto a lo particular, y a pasar de lo segundo a lo primero con una gimnasia que fortalece contra el dolor haciéndonos desdeñar su causa para profundizar su esencia [...].

Cierto que nos vemos obligados a revivir nuestro sufrimiento particular con el coraje del médico que experimenta en sí mismo la peligrosa inyección. Pero, al mismo tiempo, tenemos que pensarlo bajo una forma general que nos libra, en cierta medida, de su opresión, que hace a todos copartícipes de nuestro dolor, y que tampoco está exento de cierto goce. Allí donde la vida nos encierra, la inteligencia abre una salida, pues si bien no hay remedio a un amor no compartido, de la constatación de un sufrimiento se sale, aunque sólo sea sacando las consecuencias que eso implica. La inteligencia no conoce esas situaciones cerradas de la vida sin salida.

[TR 212]

Exterioridad y contingencia de la elección

A lo sumo podía decir que, desde un punto de vista casi fisiológico, pude haber sentido aquel amor exclusivo por alguna otra mujer, pero no por cualquier otra. Pues aunque Albertina, gruesa y morena, no se parecía a Gilberta, esbelta y pelirroja, las dos tenían sin embargo el mismo aspecto saludable, y, sobre las mismas mejillas sensuales, una mirada cuya significación era difícil de captar. [...] Casi podía creer que la personalidad sensual y voluntaria de Gilberta había emigrado al cuerpo de Albertina, un poco diferente, es cierto, pero ahora que pensaba retrospectivamente en ello, con analogías profundas. Un hombre tiene casi siempre la misma manera de acatarrarse, de caer enfermo, es decir que necesita de unas determinadas circunstancias para ello; es natural que, cuando se enamora, sea de un cierto tipo de mujeres, tipo por lo demás muy expandido. [...] En todo caso, incluso si la que habría de amar un día debía en parte parecérsele, es decir si mi elección de una mujer no era enteramente libre, eso haría que, dirigida de una forma acaso necesaria, recayera en algo más vasto que el individuo, en un tipo de mujeres, y eso suprimía toda necesidad en mi amor por Albertina. La mujer cuyo rostro contemplamos con más constancia que la misma luz—pues aun con los ojos cerrados no dejamos ni por un instante de admirar sus hermosos ojos, su graciosa nariz, de procurarnos todos los medios para verlos de nuevo—esta mujer única bien sabemos que sería distinta si estuviéramos en otra ciudad que aquella donde la hemos encontrado, paseáramos por otros lugares y frecuentáramos otro salón. ¿Única, creemos? Es innumerable. Y no obstante compacta, indestructible ante nuestros ojos enamorados, irreemplazable durante largo tiempo por otra. La razón es que esa mujer no ha hecho sino suscitar, a base de una especie de artilugios mágicos, mil elementos de ternura presentes en nosotros en estado fragmentario y que ella ha concentrado, reunido, suprimiendo cualquier laguna entre ellos; al darle sus rasgos, nosotros mismos le hemos procurado la materia sólida de la persona amada. [...] Cierto que yo tampoco veía aquel amor necesario [...], al sentirlo más vasto que Albertina y envolverla, sin conocerla, como un reflujo en torno de un fino rompiente. Mas poco a poco, a fuerza de vivir con Albertina, no podía librarme ya de las cadenas que yo mismo había forjado; el hábito de asociar la persona de Albertina al sentimiento que ella no había inspirado me hacía creer sin embargo que le era tributario, como el hábito da a la simple asociación de ideas entre dos fenómenos—según sugiere cierta escuela filosófica—la fuerza y la necesidad ilusorias de una ley de causalidad.   [AD 83-86]

Recuerdo los calurosos días de entonces, cuando de la frente de los jornaleros que trabajaban al sol caía una gota de sudor vertical, regular, intermitente, como la gota de agua de un depósito, y se alternaba con la caída del fruto maduro que se desprendía del árbol en los «cercados» vecinos; para mí siguen siendo, aún hoy, junto a ese otro misterio de una mujer oculta, la parte más consistente de todo amor. Si me hablan de una mujer en la que no se me ocurriría pensar, altero todas mis citas de la semana si hace un tiempo como aquél y he de verla en una granja aislada. Sé que ese tiempo y esa cita no le pertenecen, sino que es el cebo en el que, pese a conocerlo bien, me dejo prender y que basta para atraerme.

[SG 231-232]

Subjetivismo del amor

En ese momento ni siquiera pensaba en el placer carnal; no veía tampoco en mi pensamiento la imagen de aquella Albertina causante sin embargo del trastorno de mi ser, no percibía su cuerpo, y si hubiera querido aislar la idea unida a mi dolor—pues siempre hay alguna—habría sido alternativamente, por una parte, la duda sobre la predisposición con la que se había marchado, su ánimo de volver o no, y por otra los medios de hacerla venir. Tal vez haya un símbolo y una verdad en el ínfimo lugar que ocupa en nuestra ansiedad la persona a quien la atribuimos. Es porque en realidad su propia persona significa poca cosa; casi todo consiste en el proceso de emociones y angustias que el azar nos hizo sentir entonces por ella, y que el hábito fijó a ella. Bien lo demuestra (más incluso que el tedio que sentimos con la felicidad) lo indiferente que nos resultará ver o no a esa persona, que nos aprecie o no, tenerla o no a nuestra disposición cuando sólo hayamos de plantearnos ya el problema (tan obvio que ya no nos plantearemos) relativo a su propia persona—tras quedar olvidado el proceso de emociones y de angustias, al menos referente a ella, pues éste puede desarrollarse de nuevo, pero transferido a otra persona. Antes de eso, cuando estaba aún unido a ella, creíamos que nuestra felicidad dependía de su persona, pero dependía solamente del fin de nuestra ansiedad. Por tanto, nuestro inconsciente era en ese momento más clarividente que nosotros mismos, al empequeñecer tanto la figura de la mujer amada, figura que quizá hasta habíamos olvidado, que podíamos conocer mal y creer mediocre, en el terrible drama del que, de volver a encontrarla para no alcanzarla ya, podía depender hasta nuestra propia vida. Proporciones minúsculas de la figura de la mujer, efecto lógico y necesario del modo en que se desarrolla el amor, clara alegoría de la naturaleza subjetiva de ese amor. [AD 16-17]

Cuando se ve uno al borde del abismo y parece que Dios le haya abandonado, no vacila ya en esperar de Él un milagro. Reconozco que en todo esto fui el más apático aunque el más doliente de los policías. Pero la huida de Albertina no me devolvió las cualidades que la costumbre de hacerla vigilar por otras personas me había suprimido. Sólo pensaba en una cosa: delegar en otro esta búsqueda. Ese otro fue Saint-Loup, que se prestó a ello. [...] Él me consideraba un ser tan superior que creía que, de someterme yo a otra criatura, había de ser ésta realmente extraordinaria. Yo estaba convencido de que su fotografía le parecería hermosa, pero como al mismo tiempo no suponía que le produciría la impresión que produjo Helena a los antiguos troyanos, mientras la buscaba le decía modestamente: —«¡Oh! no vayas a creer; primero que la foto es mala, y además no es nada despampanante, no es ninguna belleza; es sobre todo muy simpática»— [...] Al fin la encontré.— «Seguro que es maravillosa»—insistía Saint-Loup, sin reparar en que le tendía la fotografía. De pronto la miró, sosteniéndola un momento en la mano. Su aspecto expresaba un asombro rayano en la estupidez. —«¿Es ésta la muchacha de la que estás enamorado?»— me dijo finalmente [...]. Comprendí en seguida la sorpresa de Roberto, semejante a la que me provocó la imagen de su querida, con la única diferencia de que yo reconocí en ella a una mujer que ya conocía, mientras que él creía no haber visto nunca a Albertina. Pero sin duda la diferencia entre lo que uno y otro veíamos de una misma persona era igual de grande. Quedaba lejos aquel tiempo de Balbec en que comencé tímidamente a añadir, a las sensaciones visuales cuando miraba a Albertina, sensaciones de sabor, de olor, de tacto. Desde entonces, vinieron a añadirse sensaciones más profundas, más dulces, más indefinibles, y después sensaciones dolorosas. En suma Albertina no era, como una piedra en torno a la cual ha nevado, sino el centro generador de una inmensa construcción que atravesaba el plano de mi corazón. Roberto, para quien toda esta estratificación de sensaciones era invisible, sólo captaba un residuo que a mí, por el contrario, me era imposible percibir. [...] Me daba cuenta de que todo ese pasado de Albertina hacia el que tendía cada fibra de mi corazón y de mi vida con un dolor vibrante y torpe, debía de parecer tan insignificante a Saint-Loup como resultaría para mí quizá algún día; que respecto a la insignificancia o a la gravedad del pasado de Albertina pasaría yo probablemente poco a poco del estado de ánimo de entonces al de Saint-Loup, puesto que no me hacía ilusiones sobre lo que podía pensar él o cualquiera que no fuera el amante. Y esto no me dolía demasiado. Dejemos las mujeres bonitas a los hombres sin imaginación. Recordaba esa trágica explicación de tantas vidas que es un retrato genial y sin parecido, como aquel de Odette pintado por Elstir, y que es menos el retrato de una amante que el del amor deformador. Sólo le faltaba lo que poseen tantos retratos: ser a la vez de un gran pintor y de un amante (e incluso se decía que Elstir lo había sido de Odette). Esta desemejanza—toda la vida de un amante, de un amante cuyas locuras nadie comprende—la demuestra toda la vida de Swann.

[AD 18-24]

5. REVELACIÓN DE LA ESENCIA

Por las leyes generales de la mentira

a) Presencia de la cosa oculta

Al oír aquellas palabras de disculpa, pronunciadas como si Albertina no fuera a venir, sentí que al deseo de volver a ver la figura aterciopelada que ya en Balbec orientaba todos mis días al momento en que, ante el mar malva de septiembre, estaría junto a aquella rosada flor, venía dolorosamente a unirse un elemento muy distinto. Esa terrible necesidad de un ser la había sentido ya en Combray hacia mi madre, hasta el punto de querer morirme si enviaba a Francisca a decirme que no podía subir. El esfuerzo del antiguo sentimiento por combinarse y formar un único elemento con el más reciente, y cuyo objeto voluptuoso no era sino la superficie coloreada, la rosada carnación de una flor de playa, ese esfuerzo acaba de ordinario por componer (en el sentido químico) un cuerpo nuevo, aunque dure sólo unos instantes. Aquella noche por lo menos, y por mucho tiempo aún, los dos elementos permanecieron disociados. Pero ya por las últimas palabras de Albertina en el teléfono empecé a comprender que su vida estaba situada (no materialmente, claro) a tanta distancia de mí que requeriría siempre de fatigosas exploraciones para acertar a tocarla, pero además organizada como las fortificaciones de campaña y, para mayor seguridad, de esa clase calificada más tarde «de camuflaje». [...] Existencias distribuidas en cinco o seis repliegues, de suerte que cuando quiere uno ver a esa mujer, o saber de ella, ha ido a dar demasiado a la derecha, o demasiado a la izquierda, o demasiado adelante, o demasiado atrás, y que puede ignorar todo durante meses o años. En Albertina sentía que nunca sabría nada, que en esa multiplicidad entremezclada de detalles reales y de hechos falsos jamás conseguiría aclararme. Y que sería siempre así, a menos que la metiera en prisión (pero uno se escapa) hasta el final. Aquella noche, esta convicción sólo me infundió inquietud, pero en ella sentía vibrar como una anticipación de largos sufrimientos. [SG 130-131]

La conversación de la mujer amada es como un suelo que recubre un agua subterránea y peligrosa; siente uno de continuo tras las palabras la presencia y el frío penetrante de una charca invisible; vemos aquí y allá impregnarse su pérfida humedad, pero el agua permanece oculta. [SG 406]

---

b) Traición del mentiroso

Sentimos amor por una persona—me decía yo en Balbec—cuando nuestros celos tienen aparentemente por objeto sus acciones; está uno convencido de que si ella se las contara, dejaría acaso con facilidad de amarla. El celoso gusta de disimular hábilmente sus celos, pero el que los inspira los descubre de inmediato y se sirve con destreza de ellos. Así, procura engañarnos sobre lo que podría disgustarnos; y nos engaña, pues ¿por qué razón una frase insignificante habría de revelar, al que no está en antecedentes, las mentiras que esconde? No la distingue de las demás; se dice con temor, pero uno la oye sin atención. Luego, una vez solos, recordaremos esa frase y no nos parecerá del todo conforme a la realidad.

Pero ¿la recordamos bien? Con aparente espontaneidad, surge en nosotros una duda respecto a ella y a la exactitud de nuestro recuerdo, semejante a la que en determinados estados nerviosos impide recordar si se ha echado el cerrojo, ya sea la primera vez como al cabo de cincuenta veces; se diría que puede uno reiniciar indefinidamente el mismo acto sin que vaya nunca acompañado de un recuerdo preciso y liberador. Al menos podemos cerrar la puerta por cincuenta y una vez; mientras que la inquietante frase vive en el pasado, en una audición dudosa que no está a nuestro alcance repetir. Aplicamos entonces nuestra atención a otras frases que no ocultan nada, y el único remedio, que no deseamos, sería olvidarlo todo para no sentir deseos de saber más. Una vez descubre los celos, la persona que los suscita los considera una desconfianza que autoriza al engaño. Por otra parte, con el fin de averiguar alguna cosa, somos precisamente nosotros los que hemos tomado la iniciativa de engañar. [LP 53-54]

[Entre las mentiras de Gilberta y las de Albertina] había un punto en común: el hecho mismo de la mentira, que en algunos casos es una evidencia. No de la realidad oculta tras la mentira. Bien sabemos que, aunque cada asesino en particular se imagina haberlo organizado todo tan bien que resultará imposible prenderlo, al final los asesinos casi siempre acaban descubiertos. En cambio a los mentirosos rara vez los cogen, y entre ellos concretamente a las mujeres que amamos. Ignoramos dónde ha estado, qué ha hecho allí, pero mientras está hablando, cuando habla de aquella otra cosa bajo la que se oculta lo que no dice, percibimos de inmediato la mentira. [...] La verosimilitud, pese a la idea que se hace el mentiroso, no es exactamente la verdad. Si tras oír algo verdadero, oímos acto seguido otra cosa tan sólo verosímil, más verosímil incluso que la verdad, tal vez hasta demasiado, el oído—un poco músico—siente que no es así, como en el caso de un verso cojo o de una palabra leída en voz alta por otro. El oído lo nota, y si estamos enamorados el corazón se alarma.

[LP 167-168]

Por los secretos de la homosexualidad

Es curioso que cierto tipo de actos secretos tenga por consecuencia externa un modo de hablar o de gesticular que los revela. Si un individuo cree o no en la Inmaculada Concepción, en la inocencia de Dreyfus o en la pluralidad de mundos y desea callarlo, no hallaremos en su voz ni en su actitud nada que deje adivinar su pensamiento. Pero oyendo a monsieur de Charlus decir con aquella voz aguda y esa sonrisa y esos gestos con los brazos: «No, preferí la de al lado, la de fresa», podía uno decirse: «Le gusta el sexo fuerte», con la misma certeza que permite a un juez condenar al criminal que no ha confesado, o a un médico descubrir a un paralítico general en un enfermo que ni siquiera él sabe su enfermedad pero que, ante una determinada anomalía en su pronunciación, deduce que morirá en tres años. Seguramente, la gente que infiere de la manera de decir: «No, preferí la de al lado, la de fresa» un amor considerado antifísico, no necesita de tanta ciencia. Pero es porque aquí la relación entre el signo revelador y el secreto es más directa. [SG 356-357]

Las series profundas del amor: Sodoma y Gomorra

Su rostro medio ladeado, donde la satisfacción rivalizaba con la moderación, se plisaba de pequeñas arrugas de afabilidad. Parecía que entraba madame de Marsantes, de tanto que afloraba en ese momento la mujer que un error de la naturaleza había introducido en el cuerpo de monsieur de Charlus. Cierto es que el barón se esforzaba severamente por disimular su error y adoptar un aspecto masculino. Pero apenas lo conseguía que, como seguía conservando los mismos gustos, ese hábito de sentir como mujer le daba una nueva apariencia femenina, surgida ésta no de la herencia sino de la vida individual. Y como hasta en lo social llegaba a pensar paulatinamente y sin darse cuenta de modo femenino, pues, a fuerza de mentir a los demás, pero de mentirse también a sí mismo, deja uno de notar que miente, por más que pidiera a su cuerpo que manifestara (al entrar en casa de los Verdurin) la cortesía de un gran señor, ese cuerpo que había comprendido muy bien lo que monsieur de Charlus había dejado de oír desplegó todas las seducciones de una gran dama, hasta el punto de que el barón habría merecido el epíteto de *lady-like*. Además ¿es posible separar completamente el aspecto de monsieur de Charlus del hecho de que los hijos, que no siempre se parecen al padre aunque no sean invertidos y busquen a las mujeres, perpetren en su rostro la profanación de su madre? Pero dejemos aquí lo que merecería un capítulo aparte: las madres profanadas.

A pesar de que otras razones precedieran a esta transformación de monsieur de Charlus y que los gérmenes puramente físicos «trabajaran» en él la materia y pasara poco a poco su cuerpo a la categoría de los cuerpos femeninos, no obstante el cambio que destacamos aquí era de origen espiritual. A fuerza de creerse uno enfermo, enferma, adelgaza, carece de fuerzas para levantarse y padece enteritis nerviosas. A fuerza de pensar tiernamente en los hombres, se vuelve uno mujer, y un atuendo postizo le impide desarrollarse. En éstos, la idea fija puede modificar (lo mismo que en otros casos la salud) el sexo. [SG 300-301]

Por el lado de Méséglise vivía monsieur Vinteuil. [...] No hay nadie, por virtuoso que sea, a quien la complejidad de las circunstancias no pueda llevarle a vivir un día en la familiaridad del vicio que precisamente condena con más rigor—sin que por lo demás lo reconozca bajo el disfraz de hechos particulares que reviste para entrar en contacto con él y hacerlo sufrir—[...]. Pero un hombre como Vinteuil debía sufrir mucho más que cualquier otro ante la resignación a una de esas situaciones que creemos erróneamente panacea exclusiva del mundo de la bohemia, y que se producen cada vez que un vicio, al que la propia naturaleza instala en un niño muchas veces tan sólo mezclando las virtudes de su padre y de su madre, como en el color de los ojos, necesita reservarse el lugar y la seguridad que le son imprescindibles para sobrevivir. Pero del hecho de que monsieur Vinteuil conociera probablemente la conducta [lesbiana] de su hija, no se deriva que su adoración por ella hubiera disminuido. Los hechos no penetran en el mundo donde habitan nuestras creencias; ni las han originado, ni consiguen destruirlas. [CS 145-146]

La verdad del amor: el hermafroditismo original

Los invertidos, que suelen relacionarse con el Antiguo Oriente o con la edad de oro de Grecia, se remontarían más lejos aún, a aquellas épocas de experimentación en que no existían ni las flores dioicas ni los animales unisexuados, al hermafroditismo primitivo cuya huella parece que conservan algunos restos de órganos masculinos en la anatomía de la mujer y otros de órganos femeninos en la anatomía del hombre. La mímica de Jupien y de monsieur de Charlus, al principio incomprensible para mí, me parecía tan curiosa como esos tentadores gestos que, según Darwin, las flores compuestas dirigen a los insectos, alzando los semiflorones de sus capítulos para verse de lejos, como cierta heterostilada que vuelve sus estambres y los curva para indicar el camino a los insectos, o les ofrece una ablución y, con la misma simplicidad que los aromas del néctar, el esplendor de las corolas que en aquel momento atraían a los insectos al patio. Desde ese día, monsieur de Charlus hubo de cambiar la hora de sus visitas a madame de Villeparisis, y no porque no pudiera ver a Jupien en otro lugar y más cómodamente, sino porque, lo mismo que para mí, el sol de la tarde y las flores del arbusto estaban seguramente unidas a su recuerdo. [SG 31]

VI. LOS SIGNOS MUNDANOS

1. GRUPO: GENERALIDAD DEL CARÁCTER

Vacío. Estupidez. Olvido

Podemos a elección nuestra entregarnos a una de dos fuerzas, la una surge de nosotros mismos, emana de nuestras impresiones profundas; la otra nos viene de fuera. La primera trae consigo naturalmente un goce, el que exhala la vida de los creadores; la otra corriente, aquella que trata de introducir en nosotros el movimiento que anima a las personas ajenas, no se acompaña de placer; pero podemos añadirle uno, por efecto de retroacción, mediante una embriaguez tan ficticia que se convierte rápidamente en tedio y tristeza; de ahí el semblante melancólico de tantos mundanos y, en ellos, tantos estados nerviosos que pueden llegar hasta el suicidio. Pues bien, en el coche que me conducía a casa de monsieur de Charlus, era yo presa de esta segunda suerte de exaltación, muy diferente de la que obtenemos por una impresión personal, como la que tuve en otros coches: una vez en Combray, en el carricoche del doctor Percepied, desde el que vi pintarse contra el crepúsculo los campanarios de Martinville; otro día en Balbec, en la calesa de madame de Villeparisis, cuando traté de desentrañar la reminiscencia que me brindaba una alameda. Pero en este tercer coche, lo que tenía ante los ojos del espíritu eran esas conversaciones que tan tediosas me habían parecido en la cena de madame de Guermantes, como las historias del príncipe Von *** acerca del emperador de Alemania o del general Botha y el ejército inglés. Acababa de deslizarlas bajo el estereoscopio interior a través del cual, en el instante en que no somos ya nosotros mismos y, dotados de un alma mundana, sólo ansiamos recibir nuestra vida de los demás, damos relieve a lo que han dicho o han hecho. [...] Y debo decir que si bien esta exaltación decayó rápidamente, no era del todo insensata. [...] Los grandes señores son de las pocas personas de quienes se aprende tanto como de los campesinos; su conversación se reviste de todo cuanto concierne a la tierra, a las villas tal como estaban habitadas antaño, a las antiguas costumbres, todo cuanto el mundo del dinero ignora profundamente. [...] Un literato, incluso, habría quedado encantado de su conversación, que hubiera sido para él—pues el hambriento no necesita de otro hambriento—un diccionario vivo de todas esas expresiones que cada día están más olvidadas: corbatas a lo San José, niños de azul en la consagración, etc., y que ya sólo se encuentran entre quienes se instituyen en atentos y benévolos conservadores del pasado. El placer que siente un escritor entre ellos, mucho más que entre otros escritores, no carece de peligro, ya que corre el riesgo de creer que las cosas del pasado poseen un interés por sí mismas, y de trasladarlas tal cual a su obra, nacida sin vida en ese caso, exhalando un hastío del que se consuela diciéndose: «Es hermoso porque es verdad, se dice así». [CG 530-534]

En el gran mundo (y este fenómeno social no es, por otra parte, sino una aplicación de una ley psicológica mucho más general), las novedades, culpables o no, sólo suscitan horror mientras no se han asimilado y rodeado de elementos tranquilizadores. Ocurría con el dreyfusismo como con el matrimonio de Saint-Loup y la hija de Odette, matrimonio que al principio había escandalizado. [...] El dreyfusismo quedaba ahora integrado en una serie de cosas respetables y habituales. En cuanto a preguntarse sobre su propio valor para admitirlo ahora, era cosa que a nadie se le ocurría, como tampoco en otro tiempo para condenarlo. Ya no era *shocking*, y eso bastaba. [TR 33]

Parece que en los seres de acción, y las personas de mundo son seres de acción (minúsculos, microscópicos, pero en definitiva seres de acción), el espíritu, exhausto por la atención ante lo que sucederá al cabo de una hora, confía muy poco en la memoria. [LP 31]

Los políticos no recuerdan el punto de vista que adoptaron en un determinado momento, y algunas de sus palinodias no obedecen tanto a un exceso de ambición como a una falta de memoria. [LP 32]

Mi imaginación, comparable a la de Elstir en trance de dar un efecto de perspectiva sin tener en cuenta las nociones de física que por otra parte podía poseer, no me pintaba aquello que yo sabía, sino lo que ella veía; lo que veía, es decir lo que le mostraba el nombre. Pues bien, incluso cuando no conocía a la duquesa, el nombre de Guermantes precedido del título de princesa, como una nota, un color o una cantidad profundamente modificados por valores circundantes, por el «signo» matemático o estético determinante, me había evocado siempre algo por completo diferente. [...] Muchas de las cosas que me había dicho monsieur de Charlus estimularon mi imaginación, haciéndole olvidar lo mucho que la realidad le había decepcionado. [...] Si monsieur de Charlus me engañó durante algún tiempo sobre el valor y la variedad imaginarios de la gente de mundo fue porque se engañaba a sí mismo. Y quizá fuera así porque no hacía nada, no escribía, no pintaba, ni siquiera leía nada de una forma seria y meditada. Pero, superior a la gente de mundo en muchos grados, si de ella y de su espectáculo extraía la materia de su conversación, no por eso aquélla le comprendía. Al hablar como un artista, podía a lo sumo emanar el falaz encanto de la gente de mundo. Pero emanarlo sólo para los artistas, respecto de quienes habría podido desempeñar el papel del reno para los esquimales; este hermoso animal arranca de las rocas desérticas líquenes y musgos que aquéllos no sabrían descubrir ni utilizar, pero que, una vez digeridos por el reno, se convierten para los habitantes del polo Norte en alimento asimilable. [CG 550]

Castas de origen y familias mentales

Lleno aún del goce que había sentido al ver a Saint-Loup venir en carrerilla y alcanzar graciosamente su sitio, advertía que ese placer se debía a que cada uno de los movimientos desarrollados a lo largo de la pared y sobre el diván tenía su significado o su causa en la naturaleza individual de Saint-Loup, sin duda, pero más aún en aquella que, por nacimiento y educación, había heredado de su casta.

Una seguridad en el gusto, no en el orden de lo bello, sino de los modales, que ante una circunstancia nueva hace captar en seguida al hombre elegante —como a un músico a quien pedimos que interprete un extracto que desconoce— el sentimiento y el movimiento que ésta exige, y adaptar a ella el mecanismo o la técnica más conveniente; [...] un desprecio ciertamente jamás sentido en su corazón, pero que había heredado en su cuerpo, sometiendo los modales de sus ancestros a una familiaridad que a su parecer no podía sino lisonjear y fascinar a quien se dirigiera; y por último, una noble liberalidad que, al no tomar en consideración tal cantidad de ventajas materiales [...], las pisoteaba [...], eran todas cualidades esenciales a la aristocracia, que tras ese cuerpo no opaco ni oscuro como hubiera sido el mío, sino significativo y límpido, traslucían como a través de una obra de arte el poder industrioso y eficiente que la creó, y hacían los movimientos de esa carrera ligera de Roberto por la pared tan inteligibles y gratos como los de los caballeros esculpidos sobre un friso. [CG 400-401]

Nuestra ignorancia acerca de esa brillante vida mundana que llevaba Swann seguramente se debía en parte a la reserva y discreción de su carácter, pero también a la idea algo hindú que los burgueses tenían de la sociedad, que consideraban compuesta de castas cerradas donde cada cual, desde su nacimiento, se encontraba inscrito en el rango que ocupaban sus padres, y de donde nada, salvo el azar de una carrera excepcional o de un matrimonio insospechado, podría arrancarlo para introducirlo en una casta superior. [CS 16]

«No va usted descaminado, si lo que desea es instruirse—me dijo monsieur de Charlus después de hacerme algunas preguntas sobre Bloch—, al hacerse algunos amigos extranjeros». Respondí que Bloch era francés. «¡Ah!—dijo él—había creído que era judío». La declaración de esta incompatibilidad me hizo creer que monsieur de Charlus era más antidreyfusista que ninguna de las personas que me había encontrado hasta entonces. Protestó en cambio contra la acusación de traición lanzada contra Dreyfus. Pero fue en esta forma: «Creo que los periódicos afirman que Dreyfus ha cometido un crimen contra su patria, o creo que lo dicen, en fin no presto mucha atención a los periódicos; los leo como me lavo las manos, sin ver en ello nada que merezca especial interés. En todo caso, el crimen no existe; el compatriota de su amigo habría cometido un crimen contra su patria si hubiera traicionado a Judea, pero ¿qué tiene que ver él con Francia?». Le objeté que si alguna vez había una guerra, los judíos serían movilizados como los demás. «Es posible, y no es seguro que no sea una imprudencia. Si reclutan a senegaleses y malgaches, no creo que pongan mucho entusiasmo en defender a Francia, y es muy natural. Su amigo Dreyfus podría más bien ser acusado por infracción de las reglas de la hospitalidad. [...]

«Toda esta cuestión Dreyfus—continuó el barón asido aún a mi brazo—tiene sólo un inconveniente, y es que destruye la sociedad (no me refiero a la buena sociedad, porque hace ya mucho tiempo que la sociedad no merece ese elogioso epíteto) por la afluencia de caballeros y damas del Camello, de la Camellería y de los Camelleros, en fin de gente desconocida que encuentro incluso en casa de mis primas porque pertenecen a la liga de la Patria francesa, antijudía y qué sé yo, como si una opinión política diera derecho a una calificación social».   [CG 278-280]

Las leyes generales que regulan la perspectiva en la imaginación se aplican lo mismo a los duques que a los demás hombres. No solamente las leyes de la imaginación, sino también las del lenguaje. Pues bien, cualquiera de las dos leyes del lenguaje podía aplicarse aquí: la una exige que se exprese uno como la gente de su clase mental y no de su casta de origen. Debido a esto, monsieur de Guermantes podía ser en sus expresiones, incluso cuando quería hablar de la nobleza, tributario de pequeños burgueses que habrían dicho: «Cuando se llama uno el duque de Guermantes», y que en cambio un hombre culto, un Swann o un Legrandin, no lo habría dicho. Un duque puede escribir novelas de tendero incluso sobre las costumbres del gran mundo, porque los pergaminos ahí no son de utilidad alguna, así como los escritos de un plebeyo ser merecedores del epíteto de aristocrático. [...] Pero otra ley del lenguaje es que de vez en cuando, así como hacen su aparición y desaparecen ciertas enfermedades de las que no se oye hablar más, nacen sin que se sepa muy bien cómo, bien sea espontáneamente, bien por un azar [...], algunas expresiones que se oyen decir en la misma década por personas que no se han puesto de acuerdo para hacerlo. [CG 227]

Lo que sucedía con monsieur de Norpois es que a lo largo de su práctica diplomática se había imbuido de ese espíritu negativo, rutinario y conservador llamado «espíritu de gobierno» que es en efecto el de todos los gobiernos y, en particular, en cualquier gobierno, el espíritu de las embajadas. La carrera diplomática le había provocado aversión, temor y desprecio por los procedimientos más o menos revolucionarios, o cuando menos incorrectos, que son los procedimientos de las confrontaciones. Salvo entre algunos ignorantes del pueblo y de la buena sociedad, para quienes la diferencia de géneros es letra muerta, aquello que aproxima a las personas no es la comunidad de opiniones sino la consanguinidad de espíritus. [JF 7]

Ley natural/Ascendencia/Tierra natal/Casta/ Nacionalidad/Época/Raza

¡Ay!, en la flor más fresca pueden apreciarse esos puntos imperceptibles que para el espíritu avezado designan ya lo que habrá de ser, por la disecación o la fructificación de las carnes aún en flor, la forma inmutable y predestinada de la simiente. Así, observa uno con deleite una nariz semejante a una diminuta ola henchida deliciosamente de agua matinal, que parece inmóvil y dibujable porque con la mar en calma no se percibe la marea. Los rostros humanos parece que no cambian cuando los miramos porque la revolución que sufren es harto lenta para que la percibamos. Pero bastaba con ver junto a una de esas muchachas a su madre o a su tía para medir las distancias que por atracción interna de un tipo, generalmente horrible, atravesarían esos rasgos en menos de treinta años, hasta la hora en que la mirada decae y el rostro, una vez desaparece por el horizonte, no recibe ya luz alguna. Yo sabía que tan profundo e ineluctable como el patriotismo judío o el atavismo cristiano en aquellos que se creen liberados de su raza, habitaba bajo la rosada inflorescencia de Albertina, Rosamunda o Andrea, ignorado por ellas y en reserva por las circunstancias, una nariz grande, una boca gruesa o una gordura asombrosa, pero que estaba ya entre bastidores, dispuesta a salir a escena, de modo imprevisto y fatal, lo mismo que una vena de dreyfusismo, clericalismo o heroísmo nacional y feudal surgen repentinamente al conjuro de las circunstancias de una naturaleza anterior al individuo mismo y por la cual piensa, vive, evoluciona, se fortalece o muere, sin que le sea posible distinguirla de los motivos particulares con que la confunde. Incluso mentalmente, dependemos de las leyes naturales mucho más de lo que pensamos; nuestro espíritu posee de antemano, como algunas cryptogamas o gramíneas, las particularidades que creemos elegir.

[JF 453-454]

⁂

¿Fue quizá el parecido entre Charlie y Raquel—invisible para mí—la plataforma que permitió a Roberto pasar de los gustos de su padre a los de su tío, a fin de realizar la evolución fisiológica que, también en este último, se había producido bastante tarde? Sin embargo, a veces las palabras de Amado me inquietaban; me acordaba de Roberto aquel año en Balbec; su modo de no prestar atención al ascensorista mientras hablaba con él recordaba mucho al de monsieur de Charlus cuando se dirigía a ciertos hombres. Pero en el caso de Roberto podía muy bien venirle de monsieur de Charlus, de cierta altivez y actitud física de los Guermantes, y en absoluto de los gustos particulares del barón. Así, el duque de Guermantes, que en modo alguno compartía tales gustos, tenía aquella misma manera nerviosa de monsieur de Charlus de contornear su muñeca, como si le crispara el puño de encaje, así como algunas entonaciones en la voz agudas y afectadas, maneras todas ellas que en monsieur de Charlus podían inducir a darles otro significado, que él mismo les había dado otro, pues el individuo expresa sus particularidades mediante caracteres impersonales y atávicos que acaso no sean sino particularidades ancestrales fijadas en el gesto y en la voz. En esta última hipótesis, que linda con la historia natural, no sería monsieur de Charlus el que podría llamarse un Guermantes afectado de una tara, la cual expresaría en parte con los rasgos de la raza de los Guermantes, sino el duque de Guermantes quien, en una familia pervertida, sería el ser excepcional cuyo mal hereditario se economizó tanto que los estigmas externos que dejó en él perdían todo sentido. [AD 265]

Los rasgos de nuestro rostro no son más que gestos convertidos por el hábito en definitivos. La naturaleza, lo mismo que la catástrofe de Pompeya o la metamorfosis de una ninfa, ha fijado nuestra tendencia habitual. De igual modo, nuestras entonaciones contienen nuestra filosofía de la vida, lo que la persona se dice a cada instante acerca de las cosas. Indudablemente esos rasgos no pertenecían sólo a las muchachas. Pertenecían a sus padres. Pues el individuo está sumergido en algo más general que él. [...] Y más general aún que el legado familiar era la sabrosa materia que les imponía la provincia natal de donde extraían su voz y variaban sus entonaciones [...]. Entre esta provincia y el temperamento de la muchacha que dictaba las inflexiones se percibía un hermoso diálogo. Un diálogo nada disonante. Nadie sabría separar a la muchacha de su país natal. Porque ella seguía siendo él. [JF 471]

Algunas existencias son tan anormales que han de engendrar fatalmente ciertos defectos, como la que llevaba el Rey en Versalles entre sus cortesanos, no menos extraña que la de un faraón o la de un dogo; y más aún que la del Rey, la vida de los cortesanos mismos. La de los criados es, sin duda, de una rareza más monstruosa aún, velada únicamente por el hábito. En mi caso, aunque hubiera despedido a Francisca, me habría visto condenado a conservar, hasta en los detalles más particulares, el mismo criado. Pues otros varios tuvieron ocasión de entrar más tarde a mi servicio; provistos de antemano de los defectos generales de los criados, no por eso dejaban de sufrir a mi lado una rápida transformación. Así como las leyes del ataque rigen las de la defensa, para no verse heridos por las asperezas de mi carácter practicaban todos en el suyo propio un recoveco idéntico y en el mismo punto; y, en desquite, se aprovechaban de mis lagunas para instalar en ellas sus vanguardias. Yo ignoraba esas lagunas, así como las prominencias a que su hueco daba lugar, precisamente por tratarse de lagunas. Pero mis criados, a medida que se pervertían, me las revelaban. Fue por sus defectos invariablemente adquiridos como supe de mis defectos naturales e invariables, de tal modo que su carácter me presentaba una especie de negativo del mío. Mi madre y yo nos habíamos reído mucho en otro tiempo de madame Sazerat cuando afirmaba, al hablar de los criados: «Esa raza, esa especie». Pero debo decir que la razón de que no hubiera deseado reemplazar a Francisca por cualquier otra es que esa otra habría pertenecido igual e inevitablemente a la raza general de los criados y a la especie particular de los míos. [CG 58-59]

Fue así como el príncipe de Faffenheim se vio llevado a visitar a madame de Villeparisis. Mi profunda desilusión sobrevino cuando habló. No había imaginado que, si una época tiene rasgos particulares y generales más firmes que una nacionalidad, de suerte que en un diccionario ilustrado, donde figura hasta el retrato auténtico de Minerva, Leibniz con su peluca y su gorguera apenas si se diferencia de Marivaux o de Samuel Bernard, una nacionalidad tiene rasgos particulares más firmes que una casta. Así se tradujeron en mi presencia, no por un discurso donde creía de antemano que oiría el roce de los Elfos y la danza de los Kobolds, sino por una trasposición que no certificaba menos su poético origen: el hecho de que al inclinarse, menudo, colorado y panzudo, ante la señora de Villeparisis, el Ringrave le dijo: «Puenos tías, señorra marquesa» con el mismo acento que un conserje alsaciano. [CG 253-254]

Vistas a distancia, las diferencias sociales, e incluso las individuales, se fundamentan en la uniformidad de una época. La verdad es que la semejanza de los trajes y la reverberación del espíritu de la época en el rostro ocupan en una persona un lugar hasta tal punto más importante que su casta—que ocupa uno importante solamente en el amor propio del interesado y en la imaginación ajena—que para percatarse de que un gran señor del tiempo de Luis Felipe es menos diferente de un burgués de su tiempo que de un gran señor del tiempo de Luis XV, no hace falta recorrer las galerías del Louvre. [SG 81]

Es cierto que el caleidoscopio social comenzaba a girar y que el caso Dreyfus iba a precipitar a los judíos al último peldaño de la escala social. Pero, por una parte, de nada servía que el ciclón dreyfusista causase estragos, pues no es al comienzo de una tempestad cuando las olas alcanzan su furor máximo. [...] En definitiva, un joven como Bloch, a quien nadie conocía, podía pasar desapercibido mientras importantes judíos representativos de su partido estaban siendo ya amenazados. Su mentón se acentuaba ahora por una «perilla de chivo», usaba anteojos, una larga levita y sostenía un guante en la mano como un rollo de papiro. Los romanos, egipcios y turcos pueden detestar a los judíos. Pero en un salón francés las diferencias entre esos pueblos apenas si son perceptibles, y un israelita haciendo su entrada como si surgiera de lo más profundo del desierto, con el cuerpo inclinado como una hiena, la nuca oblicuamente agachada y saludando con grandes «salams», satisface a la perfección un gusto de orientalismo. Sólo se precisa para eso que el judío no pertenezca al «gran mundo», pues de lo contrario adopta fácilmente el aspecto de un lord, y sus modales son hasta tal punto afrancesados que en él una nariz rebelde, que crece, como las capuchinas, en direcciones imprevisibles, hace pensar en la nariz de Mascarille más que en la de Salomón. Pero Bloch, que no había sido moldeado por la gimnástica del «Faubourg» ni ennoblecido por un cruce con Inglaterra o con España, seguía siendo, para un amante del exotismo, tan extraño y digno de admiración, a pesar de su traje europeo, como un judío de Decamps. Admirable poder de la raza, que del fondo de los siglos hace seguir adelante, incluso en el moderno París, por los corredores de nuestros teatros, tras las ventanillas de nuestras oficinas, en un entierro o en la calle, a una falange intacta que, cuidando el peinado moderno, asimilándose, haciéndose olvidar, disciplinando la levita, permanece en definitiva semejante a la de los escribas asirios pintados en traje de ceremonia, que en el friso de un monumento de Susa defienden las puertas del palacio de Darío. [CG 181-182]

Patriotismo y Nacionalidad

Me da exactamente igual que sea dreyfusista o no, puesto que es extranjero. Eso me tiene sin cuidado. En el caso de un francés es distinto. Cierto que Swann es judío. Pero hasta el día de hoy—si me disculpa usted, Froberville—tuve la debilidad de creer que un judío puede ser francés; me refiero a un judío honorable y hombre de mundo. Swann lo era en toda la extensión de la palabra. Pues bien, me obliga a reconocer que me equivoqué, dado que tomó partido por ese Dreyfus (que, culpable o no, no pertenece en absoluto a su clase, ni se habría topado nunca con él) contra una sociedad que lo había adoptado tratándolo como a uno de los suyos. Sobra decir que todos nosotros hubiéramos salido en defensa de Swann, yo habría respondido de su patriotismo como del mío. ¡Ah, qué mal nos recompensa! [...] Swann ha cometido un error de incalculable alcance. Demuestra que todos ellos están unidos en secreto y de algún modo obligados a dar apoyo a cualquiera de su raza aunque no lo conozcan. Son un peligro público. [SG 79]

Así como hay cuerpos animales y cuerpos humanos, es decir conjuntos de células cada uno de los cuales es, por relación a una sola de ellas, tan grande como el Mont-Blanc, así también existen enormes aglomeraciones organizadas de individuos que llamamos naciones; su vida no hace sino repetir amplificándola la vida de las células componentes; y quien no es capaz de comprender el misterio, las reacciones, las leyes de ésta, no pronunciará más que palabras hueras cuando hable de las luchas entre naciones. Pero si es experto en la psicología de los individuos, entonces esas masas colosales de individuos conglomerados que se enfrentan entre sí adquirirán a sus ojos una belleza más poderosa que la lucha originada solamente por el conflicto de dos caracteres; y los verá a la escala con que verían el cuerpo de un hombre de elevada estatura unos infusorios, de los que harían falta más de diez mil para llenar un balde de un milímetro de lado. Así, desde hacía un tiempo, la gran figura Francia, repleta hasta su perímetro de millones de pequeños polígonos de formas variadas, y la figura Alemania, más llena aún de esos polígonos, sostenían entre sí dos de esas querellas. Desde este punto de vista, el cuerpo Alemania y el cuerpo Francia, y los cuerpos aliados y enemigos, se comportaban en cierta medida como individuos. Pero los golpes que se intercambiaban estaban regulados por aquel boxeo multiforme cuyos principios me había expuesto Saint-Loup; y dado que, aun considerándolos desde el punto de vista de los individuos, eran aglomeraciones gigantes, la querella cobraba fuerzas inmensas y magníficas, como la agitación de un océano por millones de olas que trata de romper una línea secular de acantilados, o como gigantescos glaciares que, con sus oscilaciones lentas y destructivas, intentan resquebrajar el marco de montañas al que se ven circunscritos. [...]

En estas querellas, los grandes conjuntos de individuos llamados naciones se comportan a su vez en parte como individuos. La lógica que les guía es totalmente interna y está perpetuamente recompuesta por la pasión, como la de las personas enfrentadas en una disputa amorosa o doméstica [...] Ahora bien, en las naciones, el individuo, si forma parte verdaderamente de la nación, no es más que una célula del individuo-nación. El lavado de cerebro es una expresión sin sentido. Ya podían decir a los franceses que iban a ser derrotados, que ninguno se habría desesperado menos que si le hubiesen dicho que moriría por los cañones bertha. El auténtico lavado de cerebro se lo hace uno a sí mismo por la esperanza, que es una forma del instinto de conservación de una nación, si se es realmente un miembro vivo de esa nación. Para no ver lo que tiene de injusta la causa del individuo-Alemania y reconocer en todo momento lo que tiene de justa la causa del individuo-Francia, lo mejor para un alemán no era no tener criterio, y para un francés tenerlo, lo más seguro para uno y otro era ser patriota. Monsieur de Charlus, con excepcionales cualidades morales, susceptible de piedad, generoso, capaz de afecto y de fidelidad, en cambio, por diversas razones—entre las que podía influir la de haber tenido una madre duquesa de Baviera—no era patriota. En consecuencia, pertenecía tanto al cuerpo-Francia como al cuerpo-Alemania. [...] No siendo más que un espectador, todo lo llevaba a ser germanófilo, desde el momento en que vivía en Francia, sin ser verdaderamente francés. Él era muy agudo, y en todos los países los tontos son mayoría; no cabe duda que, de vivir en Alemania, los tontos alemanes que defendían tonta y apasionadamente una causa injusta le habrían irritado; pero, al vivir en Francia, los tontos franceses que defendían tonta y apasionadamente una causa justa no le irritaban menos. La lógica de la pasión, aunque esté al servicio de la razón más justa, nunca es irrefutable para quien no está apasionado. Monsieur de Charlus desvelaba con agudeza cada falso razonamiento de los patriotas. [...] En fin, monsieur de Charlus era compasivo, y la idea de un vencido le dolía, se ponía siempre de parte del débil; no leía las crónicas judiciales para no tener que sufrir en su piel las angustias del condenado y la imposibilidad de asesinar al juez, al verdugo y a la multitud encantada de ver «hacerse justicia». En todo caso, era seguro que Francia no podía ser de nuevo vencida, y en cambio sabía que los alemanes padecían hambruna y serían obligados un día u otro a rendirse. También esta idea le resultaba más desagradable por el hecho de que vivía en Francia. Sus recuerdos de Alemania eran pese a todo lejanos, mientras que los franceses que hablaban de la aniquilación de Alemania con una alegría que le desagradaba eran personas cuyos defectos conocía, y de aspecto antipático. En estos casos, se compadece más a quienes no se conoce, a los que uno se imagina, que a los que nos rodean en la vulgaridad de la vida cotidiana, a menos que seamos entonces como ellos, y compongamos una sola piel con ellos; el patriotismo logra ese milagro: uno es hacia su país como es para consigo mismo en un lance amoroso. [...]

En fin, monsieur de Charlus tenía aún otras razones más particulares para ser germanófilo. Una era que, como hombre de mundo, había vivido mucho entre la gente del gran mundo, la gente honorable, la gente de honor, gente que no estrecharía la mano a un sinvergüenza; conocía su delicadeza y su dureza; los sabía insensibles a las lágrimas de un hombre al que hacen expulsar de un círculo o con el que se niegan a batirse, aunque su acto de «limpieza moral» costara la muerte de la madre del apestado. A pesar suyo, aunque admirara a Inglaterra por su magnífico modo de intervenir en la guerra, esa Inglaterra impecable, incapaz de embuste, que impedía entrar el trigo y la leche en Alemania, era en parte la nación que hacía de hombre honorable, de testigo patentado, de árbitro en asuntos de honor; en cambio, sabía que la gente tarada, canallas como ciertos personajes de Dostoievski pueden ser mejores, y nunca pude comprender por qué identificaba con ellos a los alemanes, pues el engaño y la trampa no bastan para presuponer un buen corazón, que los alemanes no parecen haber demostrado. [TR 78-84]

Asociaciones malditas

[...] Como los judíos (salvo algunos que sólo quieren frecuentar a los de su raza y tienen siempre a punto las palabras rituales y las chanzas de rigor), [los invertidos] huyen unos de otros buscando a quienes son más opuestos y les ignoran, perdonándoles sus desprecios y embelesándose con sus complacencias; pero están tan unidos a sus semejantes por el ostracismo al que se ven condenados y el oprobio en que han caído, que han acabado por adoptar, en una persecución semejante a la de Israel, los caracteres físicos y morales de una raza, en ocasiones hermosos, pero normalmente horribles, y, pese a todas las burlas con que el más híbrido y asimilado por la raza adversa, que es en apariencia, y relativamente, el menos invertido, fustiga al que sigue siéndolo, hallan alivio en el trato con sus semejantes y hasta apoyo a su existencia, por más que, aún negando que sean una raza (cuyo nombre es la mayor injuria), desenmascaren a placer a quienes logran ocultarlo, no tanto por perjudicarlos, algo que tampoco les disgusta, como por disculparse; y van a buscar, lo mismo que un médico la apendicitis, la inversión en la historia, complaciéndose en recordar que Sócrates era uno de ellos, como los israelitas dicen que Jesús era judío, sin pensar que no había anormales cuando la homosexualidad era la norma, ni anticristianos antes de Cristo; que sólo el oprobio crea el delito, porque únicamente ha dejado subsistir a quienes eran refractarios a toda predicación, a todo ejemplo, a todo castigo, en virtud de una disposición innata tan especial que repugna más a los otros hombres (aunque pueda ir acompañada de excelsas cualidades morales) que determinados vicios opuestos, como el robo, la crueldad o la mala fe, mejor comprendidos y por tanto más disculpados por el común de los hombres; y constituyen una francmasonería mucho más extendida, más eficaz y menos sospechosa que la de las logias, ya que se basa en una identidad de gustos, de necesidades, de costumbres, de peligros, de aprendizaje, de sabiduría, de comercio, de léxico, y en la que los mismos miembros, que no desean reconocerse, se reconocen de inmediato por signos naturales o convencionales, involuntarios o deliberados, que indican a uno de sus semejantes al mendigo en el gran señor al que cierra la portezuela del coche; al padre, en el novio de su hija; al que había querido curarse, confesarse o defenderse, en el médico, en el sacerdote o en el abogado a quien había recurrido a sus servicios.

[SG 18-19]

Ciertamente forman en todos los países una colonia oriental, cultivada, musical, difamadora, con seductoras cualidades e insoportables defectos. Los veremos con más detalle en las páginas siguientes; pero hemos querido prevenir de pasada del funesto error que supondría, al igual que se ha promovido un movimiento sionista, crear un movimiento sodomita y reconstruir Sodoma. Pues, una vez allí, los sodomitas abandonarían la ciudad para no parecerlo, se casarían, tendrían algunas queridas en otras ciudades donde hallarían además todas las distracciones convenientes. Sólo irían a Sodoma los días de extrema necesidad, cuando su ciudad estuviera vacía por esos movimientos en que el hambre hace salir al lobo del bosque, es decir que, en definitiva, todo sucedería como en Londres, Berlín, Roma, Petrogrado o París. [SG 33]

2. MUNDANIDAD: MEDIO DE APRENDIZAJE

Velocidad en los cambios

Como esos caleidoscopios que giran de vez en cuando, la sociedad sitúa sucesivamente de otro modo elementos que creíamos inmutables y compone una nueva figura. No había hecho aún mi primera comunión, cuando algunas damas bienpensantes se quedaban estupefactas al encontrarse en una reunión a una judía elegante. Esas nuevas disposiciones del caleidoscopio se producen debido a lo que un filósofo llamaría un cambio de criterio. El caso Dreyfus trajo consigo uno nuevo, poco después de que yo comenzara a ir a casa de madame Swann, y el caleidoscopio alteró una vez más sus pequeños rombos coloreados. Todo lo judío fue a la baja, incluso la elegante dama, y nacionalistas desconocidos ascendieron a ocupar su lugar. El salón más brillante de París pasó a ser el de un príncipe austríaco y ultracatólico. Si en lugar del caso Dreyfus se hubiera declarado una guerra con Alemania, el caleidoscopio habría girado en otra dirección. Los judíos demostrarían, ante el asombro general, su patriotismo, habrían conservado su buena posición y nadie habría querido ir, ni reconocer que había ido, a casa del príncipe austríaco. Eso no quita para que, cuando la sociedad se mantiene momentáneamente inmóvil, quienes viven en ella crean que no sucederá cambio alguno, lo mismo que tras asistir al invento del teléfono se resisten a creer en el aeroplano. [JF 87-88]

Movilidad en los signos

Hasta ahora, me he limitado a imaginar los diferentes aspectos que adquiere el mundo para una misma persona suponiendo que el mundo no cambia; si la misma dama que antes no conocía a nadie va ahora donde todo el mundo, y a otra que ocupaba una posición privilegiada la dejan de lado, tendemos a ver en ello únicamente esos altibajos puramente personales que de vez en cuando suceden en una misma sociedad, a consecuencia de especulaciones bursátiles, una ruina escandalosa o un enriquecimiento insospechado. Pero no se trata sólo de eso. En cierto modo, las manifestaciones mundanas (muy inferiores a los movimientos artísticos, a las crisis políticas y a la evolución que orienta el gusto público hacia el teatro de ideas, la pintura impresionista, la música alemana y compleja, o hacia la música rusa y simple, las ideas sociales, las ideas de justicia, las reacciones religiosas o el entusiasmo patriótico) son no obstante su pálido reflejo, incoherente, impreciso, confuso y cambiante. De suerte que tampoco los salones pueden pintarse en una inmovilidad estática que hasta ahora ha podido convenir al estudio de caracteres, y que a su vez habrán de verse incorporados en un movimiento cuasi histórico. [SG 140]

Sucede con el gran mundo lo que con el gusto sexual, que no sabe uno a qué perversiones puede llegar una vez permite a las razones estéticas dictar sus preferencias. La razón de que fueran nacionalistas acostumbró al faubourg Saint-Germain a recibir a algunas damas de una sociedad distinta, pero cuando esa razón desapareció con el nacionalismo, el hábito subsistió. Madame Verdurin, favorable al dreyfusismo, había atraído hacia su residencia a escritores de valía que momentáneamente no le fueron de ninguna utilidad mundana porque eran dreyfusistas. Pero las pasiones políticas son como las demás, no perduran [...] Los monárquicos dejaron de preocuparse durante el caso Dreyfus de que alguno hubiera sido republicano, es decir radical y anticlerical, si era antisemita y nacionalista. En caso de que alguna vez llegara a sobrevenir una guerra, el patriotismo adoptaría otra forma, y si un escritor era patriotero ya no se prepocuparían de si había sido dreyfusista o no. Así era como en cada crisis política, en cada renovación artística, madame Verdurin había recogido poco a poco, como el pájaro hace su nido, las briznas sucesivas, provisionalmente inservibles, de lo que sería un día su salón. El caso Dreyfus había pasado, pero conservaba a Anatole France. El poder de madame Verdurin residía en el sincero amor que profesaba al arte, en el trabajo que se tomaba por sus asiduos, en las excepcionales veladas que preparaba sólo para ellos, sin que hubiera convidados del gran mundo. [LP 224-225]

Todo lo que nos parece imperecedero tiende a la destrucción; una situación mundana, como cualquier otra cosa, no se origina de una vez para siempre, sino que, al igual que el poderío de un imperio, se reconstruye a cada instante por una suerte de creación perpetuamente continua, lo que explica las anomalías aparentes de la historia mundana o política en el transcurso de medio siglo. La creación del mundo no ocurrió en el comienzo; tiene lugar todos los días. [AD 247-248]

Perfección en el formalismo

Los Guermantes—al menos aquellos que eran dignos de tal nombre—no sólo poseían una calidad exquisita en la carnación, en el cabello, en la mirada traslúcida, sino que por su apostura, su modo de caminar, de saludar, de observar antes de dar la mano, de estrechar la mano, eran tan diferentes en todo a un hombre de mundo cualquiera como lo era éste de un granjero en camisa. Y a pesar de su amabilidad, se decía uno: Al vernos andar, saludar, salir, hacer todo aquello que, realizado por ellos, resultaba tan airoso como el vuelo de una golondrina o la inclinación de una rosa, ¿no tienen realmente derecho a pensar, aunque lo disimulen: «Son de una raza distinta de la nuestra, nosotros somos los príncipes de la tierra»? [CG 425]

Empezaba a conocer el valor exacto del lenguaje hablado o callado de la amabilidad aristocrática, amabilidad que tiene la fortuna de verter un bálsamo en el sentimiento de inferioridad de aquéllos sobre quienes se ejerce, pero no hasta el punto de disiparla, pues en ese caso perdería su razón de ser. «Pero si es usted como nosotros, si no mejor», parecían decir los Guermantes a través de sus gestos; y lo decían del modo más gentil que pueda imaginarse, con la intención de ganarse la estima y la admiración, pero no de ser creídos; desbrozar del carácter ficticio esa amabilidad era signo de buena educación; creer la amabilidad real, de mala educación. [SG 62]

Bloch nos comunicó la muerte del Kaiser con un aire misterioso e interesante, pero también irritado. Le irritaba particularmente oír decir a Roberto: «el emperador Guillermo». Creo que ni siquiera bajo la hoja de la guillotina Saint-Loup y monsieur de Guermantes habrían podido decirlo de otro modo. Si dos hombres del gran mundo fueran los únicos supervivientes en una isla desierta, donde no tendrían que dar prueba a nadie de sus buenas maneras, se reconocerían por estos detalles corteses, como dos latinistas citarían correctamente algo de Virgilio. Saint-Loup no habría podido decir, ni aun torturado por los alemanes, otra cosa que «el emperador Guillermo». Esta cortesía es, a pesar de todo, indicio de grandes trabas para el espíritu. El que no sabe desprenderse de ellas sigue siendo un hombre de mundo, si bien esa elegante mediocridad es deliciosa—sobre todo por la generosidad oculta y el heroísmo inexpresado que van unidos a ella—, al lado de la vulgaridad de Bloch, a la vez cobarde y fanfarrón, que reprochaba a Saint-Loup: «¿No podrías decir Guillermo a secas?». [TR 47]

[...] Parece que en una sociedad igualitaria la cortesía desaparecería; no como suele pensarse por falta de educación, sino porque en unos desaparecería la diferencia fruto del prestigio, que debe ser imaginario para ser eficaz, y sobre todo en los otros la amabilidad que se prodiga y refina cuando siente que tiene, para quien la recibe, un valor infinito y que en un mundo fundado sobre la igualdad se reduciría súbitamente a nada, como todo aquello cuyo valor es sólo fiduciario. Pero esta desaparición de la cortesía en una sociedad nueva es incierta, y estamos a veces demasiado predispuestos a creer que las condiciones actuales de un estado de cosas son las únicas posibles. Espíritus muy honestos creyeron que una república no podría contar con diplomacia ni alianzas, y que el campesinado no toleraría la separación de la Iglesia y el Estado. Después de todo, la cortesía en una sociedad igualitaria no sería un milagro mayor que el triunfo de los ferrocarriles o el uso militar del aeroplano. Además, aun cuando desapareciera la cortesía, nada prueba que eso fuera una desgracia. En definitiva, ¿acaso no se irá jerarquizando secretamente la sociedad a medida que sea de hecho más democrática? Es muy posible. El poder político de los Papas ha aumentado considerablemente desde que ya no tienen ni Estados ni ejército; las catedrales ejercían un influjo mucho menor en un devoto del siglo XVII que en un ateo del siglo XX; y de haber sido la princesa de Parma soberana de un Estado, sin duda la idea de hablar sobre ella se me habría ocurrido tanto como la de hablar de un presidente de la República, es decir, nada.

[CG 441]

Generalidad en el sentido

Yo había considerado siempre al individuo, en un momento dado del tiempo, como un polípero donde el ojo, organismo independiente aunque asociado, se entorna ante una mota de polvo sin que la inteligencia lo ordene, donde en el intestino, parásito soterrado, se infecta sin saberlo la inteligencia; y que en el alma, pero también en la duración de la vida, una serie de yoes yuxtapuestos pero diferentes morían uno tras otro o incluso se alternaban entre sí, como en Combray venía uno de mis yoes a ocupar el lugar del otro cuando anochecía. Pero había visto asimismo que las células morales que componen un ser son más duraderas que él. Vi cómo los vicios y el valor de los Guermantes retornaban en Saint-Loup, y en él mismo los defectos extraños y momentáneos del carácter, o el antisemitismo de Swann. Aún podía verlo en Bloch. [...] Lo mismo que, cuando oía hablar a Cottard, a Brichot y a tantos otros, sentía que por la cultura y la moda una única ondulación propaga a todo lo ancho del espacio las mismas maneras de decir y de pensar, así también a lo largo del tiempo grandes maremotos levantan, desde las profundidades de los años, las mismas cóleras, las mismas tristezas, las mismas bravuras, las mismas manías a través de las generaciones superpuestas, y, apoyándose cada sección en varias de la misma serie, ofrecen, como sombras sobre pantallas sucesivas, la repetición de una composición idéntica, aunque a veces menos insignificante, a la que confrontaba de ese modo a Bloch y a su abuelo, a monsieur Bloch padre y a Nissim Bernard...

[TR 244-5]

El literato envidia al pintor; le gustaría hacerse croquis, tomar notas, y si lo hace está perdido. Pero cuando escribe, no hay un solo gesto de sus personajes, un tic, un acento que no aporte la memoria a su inspiración [...]. Pues, movido por su instinto, mucho antes de creer que llegaría a ser algún día escritor, [...] ordenaba a sus ojos y a sus oídos que retuvieran para siempre lo que a los demás parecían naderías pueriles, el acento con que se dijo años atrás una frase, la expresión del semblante y el gesto de hombros que hizo en un determinado momento una persona de la que seguramente no sabe nada más; y eso porque aquel acento lo había oído antes, o sentía que podría volver a oírlo, que era algo repetible, duradero; es el propio sentimiento de lo general lo que en el futuro escritor elige lo que es general y podrá incluirse en la obra de arte. Pues sólo escucha a los demás cuando, por tontos o insensatos que sean, a base de repetir como loros lo que dicen personas de características similares, se constituyen en pájaros profetas, en portavoces de una ley psicológica. [TR 207]

Extraterritorialidad

Algunos lugares que vemos siempre aislados nos parecen sin medida común con el resto, casi fuera del mundo, como aquellas personas que conocimos en momentos aparte de nuestra vida, en el regimiento o en nuestra infancia, y que no relacionamos con nada. El primer año de mi estancia en Balbec, había una colina adonde madame de Villeparisis gustaba de llevarnos, porque desde allí sólo se veía el agua y los bosques, que se llamaba Beaumont. Como el camino que tomaba para ir allí y que consideraba el más bonito por sus añosos árboles ascendía todo el tiempo, su coche se veía obligado a ir despacio y empleaba mucho tiempo en llegar. Una vez arriba, nos apeábamos, paseábamos un poco, montábamos de nuevo en el coche y regresábamos por el mismo camino, sin habernos topado con pueblo o casa alguna. Yo sabía que Beaumont era algo muy peculiar, muy alejado, muy elevado, sin tener ni idea de la dirección donde se hallaba, porque nunca habíamos tomado el camino de Beaumont para ir a otro lugar; además, en coche se tardaba mucho tiempo hasta llegar allí. Pertenecía evidentemente al mismo departamento (o a la misma provincia) que Balbec, pero estaba situado para mí en otro plano, gozaba de un privilegio especial de extraterritorialidad. [SG 393]

Territorialidad

Y ahora, en las brumas del atardecer, tras aquel acantilado de Incarville que tanto me hiciera soñar antaño, lo que veía, como si su arenisca se hubiera tornado transparente, era la hermosa casa de un tío de monsieur de Cambremer, donde sabía que sería siempre bien recibido si no quería cenar en La Raspalière o volver a Balbec. De modo que no sólo los nombres de los lugares de esa región habían perdido el misterio del principio, sino también los lugares mismos. Los nombres ya medio vacíos de un misterio que la etimología supliera por el razonamiento se habían degradado un poco más [...] Así, Hermonville, Arembouville, Incarville, no contentos con haberse despojado enteramente de la tristeza inexplicable donde los había visto bañarse antaño en la humedad de la noche, ni siquiera me evocaban ya las indómitas grandezas de la conquista normanda. ¡Doncières! Para mí, aun después de haberlo conocido y despertar de mi sueño, conservó por mucho tiempo en ese nombre unas calles agradablemente glaciales, unos luminosos escaparates y unos suculentos pollos. Ahora, Doncières no era más que la estación donde subía Morel; Égleville (*Aquilaevilla*), donde nos esperaba normalmente la princesa Sherbatoff; Maineville, la estación donde bajaba Albertina [...]. No solamente no sentía ya la angustia del aislamiento que me había oprimido la primera noche, sino que no temía ya despertarme ni sentirme desenraizado o encontrarme solo en esta tierra que no sólo producía castaños y tamarindos, sino amistades que a lo largo del trayecto formaban una larga cadena [...] Aparte de que el hábito llena hasta tal punto nuestro tiempo que al cabo de unos meses no nos queda ya un momento libre [...], aquel lugar de Balbec se convirtió para mí en un auténtico enclave de amistades; si su distribución territorial y su extenso semillero en diversos cultivos a todo lo largo de la costa daban forzosamente a mis visitas a esos diferentes amigos la forma del viaje, lo reducían también a no tener más que el atractivo social de una serie de visitas [...] En aquel valle demasiado social, en cuyas laderas sentía arraigado, visible o no, a un grupo de amigos, el poético grito de la noche no era ya el de la lechuza o la rana, sino el «¿qué tal?» de monsieur de Criquetot o el «¡Khairé!» de Brichot. La atmósfera ya no suscitaba angustias y, cargada de efluvios puramente humanos, se hacía fácilmente respirable, hasta demasiado calmante. Yo obtenía el beneficio, por lo menos, de no ver ya las cosas sino desde el punto de vista práctico. El matrimonio con Albertina me parecía entonces una locura.

[SG 497]

VII. UNA IMAGEN DEL PENSAMIENTO

1. LA VERDAD: AVENTURA DE LO INVOLUNTARIO

La verdad no se da, se traiciona

A menudo esas cosas que [Swann] no sabía y que ahora temía saber, la misma Odette se las revelaba espontáneamente y sin darse cuenta; en efecto, la distancia que el vicio interponía entre la vida real de Odette y la vida relativamente inocente que él había atribuido, y atribuía aún muchas veces, a su querida, la extensión de esa distancia, Odette la ignoraba: un ser vicioso, al aparentar siempre idéntica virtud ante los seres que no quiere que sospechen de sus vicios, carece de control para darse cuenta de hasta qué punto éstos, cuyo crecimiento continuado le es insensible, lo arrastran poco a poco lejos del modo habitual de vivir. Porque cohabitan en el seno del espíritu de Odette con el recuerdo de las acciones ocultas a Swann, los otros reciben poco a poco el reflejo y se contagian, sin que ella pueda verles nada extraño. [...]

Por lo demás, las confesiones que ella le hacía de algunas faltas que suponía ya descubiertas, en lugar de acabar con las viejas sospechas servían a Swann más bien de punto de partida a otras nuevas. Pues nunca guardaban proporción con ellas. Odette intentaba eliminar de su confesión todo lo esencial, pero quedaba en lo accesorio algo que Swann jamás habría imaginado, cuya novedad lo abrumaba y le permitía alterar los términos del problema de sus celos. [CS 363-364]

No se comunica, se interpreta

En mi existencia, había seguido una dirección inversa a la de los pueblos que sólo utilizan la escritura fonética después de haber considerado los caracteres como una serie de símbolos; yo, que durante tantos años sólo había buscado la vida y el pensamiento de las personas en el enunciado directo que me ofrecían voluntariamente, por culpa suya había llegado, en cambio, a no atribuir importancia sino a testimonios que no son una expresión racional y analítica de la verdad; las propias palabras sólo me informaban a condición de interpretarlas del mismo modo que un aflujo de sangre, en el rostro de una persona estremecida, o incluso como un silencio repentino. [...] Por lo demás, una de las peores cosas para el enamorado es que, si bien los hechos particulares—que únicamente la experiencia o el espionaje, entre otras posibles realizaciones, darían a conocer—son muy difíciles de descubrir, la verdad es en cambio muy fácil de intuir o de presentir. [LP 80]

Francisca fue la primera en mostrarme [...] que la verdad no necesita decirse para que se manifieste, y que acaso pueda recogerse más certeramente, sin esperar a las palabras y aun sin hacer el menor caso de ellas, en mil signos exteriores, incluso en ciertos fenómenos invisibles, análogos en el mundo de los caracteres a lo que son, en la naturaleza física, los cambios atmosféricos. [CG 59]

No es querida, sino involuntaria

[...] No hay palabras, como tampoco relaciones, de las que no pueda uno asegurar que no extraerá un día alguna cosa. Lo que me había dicho la señora de Guermantes sobre los cuadros que valdría la pena ver aunque fuera desde un tranvía era falso, pero contenía una parte de verdad que me fue valiosa más tarde.

Asimismo, los versos de Victor Hugo que me había recitado, debo reconocer que eran de una época anterior a aquella en que pasó a ser más que un hombre nuevo, en que hizo aparecer en la evolución una especie literaria todavía desconocida y dotada de mecanismos más complejos. En los primeros poemas Victor Hugo aún piensa, en lugar de contentarse, como hace la naturaleza, con dar a pensar. [CG 531]

2. EL BUSCADOR DE VERDAD

El celoso (ante la mentira)

La memoria, en lugar de un duplicado constantemente presente a nuestros ojos de los diversos hechos de nuestra vida, es más bien un vacío de donde a veces una similitud actual nos permite extraer, resucitados, algunos recuerdos muertos; pero quedan aún mil hechos diminutos que no han caído en esa virtualidad de la memoria y que nos resultarán para siempre incontrolables. No prestamos atención alguna a cuanto ignoramos relacionarse con la vida real de la persona amada, olvidamos en seguida lo que nos dijo a propósito de un hecho o de unas personas desconocidos, así como su expresión al decírnoslo. Por eso, cuando esas mismas personas suscitan nuestros celos y éstos quieren saber si no se engañan, si a ellas deben achacar la impaciencia de nuestra amada por salir, o su disgusto de que lo hayamos impedido al volver demasiado pronto, hurgan en el pasado para deducir algo pero no encuentran nada; siempre retrospectivos, son como un historiador que se propone escribir una historia sin documentación; siempre retardados, se precipitan como un toro furioso allí donde no está ese bravo y reluciente individuo que lo irrita con sus banderillazos, cuya grandeza y astucia admira la cruel multitud. [LP 137]

Tiempo atrás, mientras sufría, [Swann] se juró a sí mismo que cuando dejara de amar a Odette y no temiera ya enojarla o hacerle creer que la amaba demasiado, se daría la satisfacción de aclarar con ella, por simple amor a la verdad y como un asunto histórico, si Forcheville estaba durmiendo con ella el día aquel en que él llamó a su puerta y golpeó contra los cristales sin que le abrieran, y que después ella escribió a Forcheville que fue un tío suyo quien había llamado. Pero ese problema tan interesante que trataría de dilucidar en cuanto no sintiera celos, perdió precisamente todo interés para Swann cuando dejó de estar celoso. Aunque no de forma inmediata. Sólo sentía celos de Odette cuando volvía a excitárselos ese día en que golpeó en balde contra la puerta de la pequeña residencia de la calle La Pérousse. Era como si los celos, al igual que esas enfermedades cuya localización y fuente de contagio no reside tanto en algunas personas como en determinados lugares y casas, tuvieran por objeto, más que a la propia Odette, a ese día del pasado perdido en que estuvo llamando a todas las puertas de la casa de Odette. Como si ese día y esa hora hubieran fijado por sí mismos algunas parcelas recónditas de la antigua personalidad amorosa de Swann que sólo allí recuperaba. [JF 94]

El hombre sensible (ante la impresión)

Dado que sólo tenía una impresión de belleza cuando, ante una sensación actual, por insignificante que fuera, una sensación semejante, que renacía espontáneamente en mí, venía a extender la primera sobre varias épocas a la vez, y henchía mi alma, donde las sensaciones particulares dejaban habitualmente tanto vacío, de una esencia general, no había razón para que no recibiera sensaciones de esa clase en el gran mundo tanto como en la naturaleza, puesto que se dan al azar [...]. Y trataría de encontrar la razón objetiva de que fuera precisa y únicamente esa clase de sensaciones la que debía conducir a la obra de arte [...] Es cierto que fueron bastante raras en mi vida, pero la dominaban, y podía recuperar algunas de aquellas cumbres que cometí el error de perder de vista. Ahora podía afirmar que si en mí esto era un rasgo personal, por la importancia que adquiría, sin embargo me tranquilizaba descubrir que tenía relación con otros rasgos menos marcados, pero discernibles y en el fondo bastante análogos, de ciertos escritores. ¿No depende acaso de una sensación del género de aquella de la magdalena la parte más hermosa de las *Memorias de Ultratumba* [...]: «Un fino y suave olor de heliotropo emanaba de un pequeño conjunto de habas en flor; no nos lo traía una brisa de la patria, sino un viento salvaje de Terranova, sin relación con la planta exiliada, sin afinidad de reminiscencia y de voluptuosidad»? [TR 225-226]

El lector o el auditor (ante la obra de arte)

Mi frivolidad cuando dejaba de estar solo me hacía deseoso de agradar, más deseoso de divertir charlando que de instruirme escuchando, salvo que me dirigiera al mundo para preguntar por un asunto de arte o alguna sospecha celosa que antes me había preocupado. Pero era incapaz de ver nada que el deseo no hubiera despertado en mí por una lectura, nada cuyo croquis no hubiera esbozado yo mismo para confrontarlo luego con la realidad. ¡Cuántas veces, de sobra lo sabía sin que aquella página del Goncourt me lo mostrara, fui incapaz de prestar atención a cosas o a personas que, más tarde, después de que algún artista me presentara su imagen en la soledad, habría recorrido leguas y arriesgado la vida para encontrarlas! [TR 25]

Para cambiar el curso de mis pensamientos, en lugar de comenzar con Albertina una partida de cartas o de damas, le pedía mejor que interpretara algo de música. [...] Ella sabía que sólo prestaba con gusto atención a aquello que me resultaba todavía oscuro y que, a lo largo de sus sucesivas interpretaciones, podía unir entre sí, gracias a la luz creciente aunque lamentablemente desvirtualizadora y ajena de mi inteligencia, las líneas fragmentarias e interrumpidas de la construcción, al principio casi disipada en la bruma. Ella sabía, y creo que comprendía, el gozo que daba a mi espíritu las primeras veces ese trabajo de modelaje de una nebulosa aún informe. [...] Así, como el volumen de este ángel musical estaba constituido por los múltiples trayectos entre los diferentes puntos del pasado que su recuerdo ocupaba en mí y sus diversos asentamientos, de la vista a las sensaciones más internas de mi ser, que me ayudaban a descender hasta la intimidad del suyo, la música que ella interpretaba tenía también un volumen, formado por la desigual visibilidad de las diferentes frases, según que yo lograra aclarar y reunir entre sí las líneas de una construcción que me había parecido al principio casi completamente sumida en la neblina.

[LP 357-358]

3. LA OBJETIVIDAD MODERNA (CONTRA EL «LOGOS»): OPOSICIÓN ATENAS/JERUSALÉN

Observación/Sensibilidad

Siempre que deseamos imitar alguna cosa que fue verdaderamente real, olvidamos que esa cosa no fue producto de la voluntad de imitar, sino de una fuerza inconsciente e igualmente real. Pero esta impresión particular que no pudo darme todo mi deseo de sentir un delicado placer por pasearme con Rachel, lo experimentaba ahora sin haberlo buscado en absoluto, pero por razones muy distintas, sinceras y profundas, debido a que—por citar un ejemplo—mis celos me impedían estar alejado de Albertina y, cuando yo podía salir, dejarla ir a pasear sin mí. Sólo ahora lo sentía, porque el conocimiento no procede de las cosas exteriores que pueden observarse, sino de las sensaciones involuntarias; pues aunque en otro tiempo una mujer estuviera conmigo en el mismo coche, no estaba *realmente* a mi lado, en la medida en que no la recreaba permanentemente una necesidad de ella como aquella que yo tenía de Albertina... [LP 156]

Racionalidad/Pensamiento

Una idea fuerte comunica algo de su fuerza a su contradictor. Porque participa del valor universal de los espíritus, se inserta y se introduce entre otras ideas adyacentes en el espíritu de aquella que refuta, con cuya ayuda saca una cierta ventaja, la completa y la rectifica; de tal modo que la sentencia final viene a ser obra de los dos interlocutores. Sólo a esas ideas que hablando con propiedad no son ideas, ideas que, al no basarse en nada, no encuentran punto de apoyo ni ramificación fraternal en el espíritu adversario, éste, al vérselas con el puro vacío, no sabe qué responder. Los argumentos de monsieur de Norpois (sobre arte) no tenían réplica porque carecían de realidad. [JF 132]

El genio, incluso el gran talento, no proviene tanto de elementos intelectuales y de refinamientos superiores a los de otras personas, como de la facultad de transformarlos y trasponerlos. [...] De igual modo, aquellos que producen obras geniales no son los que viven en el ambiente más delicado, o tienen la conversación más brillante y la cultura más amplia, sino quienes pueden dejar bruscamente de vivir para sí mismos y volver su personalidad semejante a un espejo donde su vida, aunque sea mundanamente mediocre y, en cierto sentido, intelectualmente también, se refleja; porque el genio consiste en el poder de reflexión y no en la calidad intrínseca del espectáculo reflejado. [JF 125]

Inteligencia lógica/Inteligencia involuntaria

Hay un aspecto de la guerra que, a mi parecer, [Saint-Loup] empezaba a ver —le dije [a Gilberta]—, y es que la guerra es humana, se vive como un amor o como un odio, podría narrarse como una novela, y por consiguiente, si tal o cual insisten en que la estrategia es una ciencia, eso no les ayuda en nada a comprender la guerra, porque la guerra no es estratégica. El enemigo no conoce más nuestros planes de lo que conocemos nosotros el fin que persigue la mujer amada, planes que acaso tampoco sepamos nosotros. ¿Era objetivo de los alemanes tomar Amiens en la ofensiva de marzo de 1918? No lo sabemos. Quizá no lo sabían ni ellos mismos, y fue tal vez el hecho, su avance por el oeste hacia Amiens, lo que determinó su proyecto. Aun suponiendo que la guerra sea científica, habría que describirla como Elstir pintaba el mar, por el otro sentido, y partir de las ilusiones, de las creencias que se rectifican poco a poco, como contaría una vida Dostoievski. Por otra parte, es muy cierto que la guerra no es estratégica, sino más bien médica, con accidentes imprevistos que el clínico confiaba evitar, como la revolución rusa. [TR 288]

Reflexión/Traducción

Una obra donde hay teorías es como un objeto en el que se deja la etiqueta del precio. Aún ésta indica un valor que en literatura, por el contrario, el razonamiento lógico disminuye. Uno razona, es decir divaga, cuando no tiene la capacidad de limitarse a hacer pasar una impresión por todos los estados sucesivos que conducirán a su fijación, a la expresión. [TR 189]

Quienes carecen del sentido artístico, es decir de la sumisión a la realidad interior, pueden estar provistos de la capacidad de razonar indefinidamente sobre el arte. A poco que sean además diplomáticos o financieros, involucrados en las «realidades» del presente, creen fácilmente que la literatura es un juego del espíritu destinado a desaparecer paulatinamente en el futuro. Algunos pretendían que la novela fuera una especie de desfile cinematográfico de las cosas. Esta concepción era absurda. Nada está más lejos de lo que percibimos en realidad que una visión cinematográfica. [TR 189]

Me daba cuenta de que el libro esencial, el único libro verdadero no ha de inventarlo el gran escritor, en el sentido corriente, porque existe ya en cada uno de nosotros, sino traducirlo. El deber y la labor de un escritor son los de un traductor. [TR 197]

Cuando la inteligencia razonadora pretende juzgar obras de arte, no hay ya nada seguro, nada cierto, puede demostrarse todo lo que se quiera. Mientras que la realidad del talento es un bien y una adquisición universales, cuya presencia debe constatarse ante todo bajo las modas aparentes del pensamiento y del estilo, la crítica se fija en éstas para clasificar a los autores.

[TR 200]

Amistad/Amor

La amistad no sólo carece de virtud, como la conversación, sino que es además funesta. Pues la impresión de tedio, es decir de mantenerse en la superficie de uno mismo en lugar de proseguir sus exploraciones hacia las profundidades, que sienten junto a un amigo aquellos de nosotros cuya ley de desarrollo es puramente interna, esta impresión de tedio la amistad nos persuade para que la rectifiquemos [...], cuando en realidad no somos como construcciones a las que pueden añadirse piedras desde fuera, sino como árboles que extraen de su propia savia cada uno de los nudos del tallo, o cada nueva capa de su follaje. [...] Junto a las muchachas, en cambio, si bien el placer de que disfrutaba era egoísta, no se basaba al menos en la mentira [...] que nos impide confesarnos que ya no hablamos nosotros, sino que nos adaptamos a la semejanza de los extraños y no de un yo que difiere de ellos. [...] Amar ayuda a discernir, a diferenciar. En un bosque, el aficionado a los pájaros distingue en seguida los gorjeos particulares de cada ave, que sin embargo el común de la gente confunde. El aficionado a las muchachas sabe que las voces humanas son aún mucho más variadas. Cada una de ellas posee más notas que el más rico de los instrumentos. Y las combinaciones según las que se agrupan son tan inagotables como la infinita variedad de personalidades. Cuando hablaba con una de mis amigas, veía que la composición original y única de su individualidad se dibujaba ingeniosamente y me era tiránicamente impuesta tanto por las inflexiones de su voz como por las de su rostro, dos espectáculos que traducían, cada uno en su plano, la misma realidad singular. [JF 468-471]

No podemos juzgar del mismo modo el encanto espiritual de una persona que, como todas las demás, nos es ajena, perfilada en el horizonte de nuestro pensamiento, que el de una persona que, por efecto de un error de localización consecutivo a determinados accidentes pero tenaz, se ha alojado en nuestro propio cuerpo. [...] El deseo físico tiene el maravilloso poder de restituir su valor a la inteligencia y unas bases sólidas a la vida moral. No importa que la confianza y la conversación, cosas mediocres, sean más o menos imperfectas si interviene el amor, lo único divino. Veía de nuevo a Albertina sentada ante su pianola, rosada bajo sus negros cabellos; sobre mis labios, que ella trataba de separar, sentía su lengua, una lengua maternal, incomestible, alimenticia y santa, cuya llama y cuyo rocío secretos hacían que, incluso cuando Albertina la deslizaba por la superficie de mi cuello, de mi vientre, esas caricias superficiales pero de algún modo hechas desde el interior de su carne—exteriorizado éste como una estofa que muestra su doblez—adquirieran, aun en las caricias más externas, la misteriosa dulzura de una penetración. [AD 79]

Conversación/Interpretación silenciosa

Si en Albertina existía la intención de dejarme, sólo se manifestaba de modo oscuro, por algunas miradas tristes, ciertas impaciencias, frases que no pretendían en modo alguno expresarlo, pero que si uno las pensaba (y ni siquiera hacía falta pensar, pues el lenguaje de la pasión se comprende de inmediato; hasta la gente del pueblo comprende esas frases que no pueden explicarse más que por la vanidad, el rencor, los celos a veces inexpresados, pero que en seguida descubren en el interlocutor una facultad intuitiva que, como ese «sentido común» de Descartes, es «la cosa más extendida del mundo») no podían explicarse sino por la presencia en ella de un sentimiento que ocultaba y que podía conducirla a hacer planes para una vida sin mí. Y así como esta intención no se expresaba en sus palabras de manera lógica, mi presentimiento de esta intención desde aquella noche permanecía igual de vago. Seguía viviendo bajo la hipótesis que admitía por cierto cuanto Albertina me decía. Pero puede que entretanto persistiera en mí una hipótesis totalmente contraria y en la que no quería pensar [...]. De tal modo que probablemente vivía en mí la idea de una Albertina por completo opuesta a la que forjaba mi razón, así como a aquella que sus propias palabras esbozaban, una Albertina sin embargo no absolutamente inventada, dado que era como un reflejo interior de algunos movimientos que se producían en ella—como su mal humor cuando fui a casa de los Verdurin. [...] Si, por su parte, Albertina hubiera querido juzgar acerca de lo que yo pensaba a partir de lo que le decía, habría sabido exactamente lo contrario de la verdad, poque yo sólo manifestaba deseos de abandonarla cuando no podía estar sin ella, y aquella ocasión que en Balbec le confesé dos veces que amaba a otra mujer, una vez a Andrea, otra a una persona misteriosa, esas dos veces los celos me devolvieron el amor por Albertina. Mis palabras no reflejaban en absoluto mis sentimientos. Si el lector sólo tiene de esto una débil impresión es porque, como narrador, le expongo mis sentimientos al mismo tiempo que le repito mis palabras. Pero si le ocultara los primeros y conociera solamente las segundas, mis actos, tan poco relacionados con ellas, le darían tantas veces la impresión de cambios extraños que me creería casi loco. Proceder que, por lo demás, no falsificaría mucho el adoptado por mí, pues las imágenes que me movían a obrar, tan opuestas a las que mis palabras reproducían, eran en ese momento muy oscuras, ya que sólo de modo imperfecto conocía la naturaleza según la que yo obraba; hoy conozco claramente su verdad subjetiva. En cuanto a la verdad objetiva, es decir a si las intuiciones de aquella naturaleza captaban con más exactitud que mi razonamiento las auténticas intenciones de Albertina, a si hice bien al fiarme de esta naturaleza o si, por el contrario, no enturbió las intenciones de Albertina en lugar de aclararlas, me resulta difícil decirlo.

El vago temor que sentí en casa de los Verdurin de que Albertina me dejara se disipó, en un principio, al volver a casa con el sentimiento de ser un prisionero y en ningún caso de encontrarme a una prisionera. Mas disipado el temor, me dominó con mayor fuerza cuando, en el momento en que anuncié a Albertina que había ido a casa de los Verdurin, vi superponerse en su semblante una expresión de enigmática irritación, que además no afloraba por primera vez. Sabía bien que no era sino la cristalización en la carne de agravios razonados, de ideas claras para quien las concibe y las silencia, síntesis que resulta visible pero no racional, y que quien recoge sobre el rostro del ser amado trata por su parte de reducirlo mediante el análisis a sus elementos intelectuales para comprender lo que le sucede.

[LP 332-334]

Homosexualidad griega/Homosexualidad judía

Las pesadas bromas de Brichot, al comienzo de su amistad con el barón, habían dado paso en él, una vez no era ya cuestión de recitar lugares comunes sino de comprender, a un sentimiento penoso disfrazado de jovialidad. Disfrutaba recitando páginas de Platón o versos de Virgilio, porque ciego también de espíritu no comprendía que en aquella época amar a un efebo era como hoy en día (las bromas de Sócrates lo revelan mejor que las teorías de Platón) mantener a una bailarina y contraer matrimonio después. Ni el mismo monsieur de Charlus lo habría comprendido, él, que confundía su manía con la amistad—que en nada se semeja—y a los atletas de Praxíteles con dóciles boxeadores. No quería ver que desde hacía 1.900 años («Un cortesano devoto bajo un príncipe devoto habría sido ateo bajo un príncipe ateo», dijo La Bruyère) la homosexualidad fruto de la costumbre—tanto la de los jóvenes de Platón como la de los pastores de Virgilio—había desaparecido, y que sólo subsiste y prolifera la involuntaria, la nerviosa, aquella que se oculta a los demás y se disfraza a sí misma. Monsieur de Charlus habría lamentado el hecho de no renegar con franqueza de la genealogía pagana. ¡Cuánta superioridad moral, a cambio de un poco de belleza plástica! El pastor de Teócrito que suspira por un zagal más tarde no tendrá razón alguna para ser menos duro de corazón y más fino de espíritu que aquel otro pastor cuya flauta suena por Amaryllis. Pues el primero no está afectado de un mal, obedece a las modas de la época. La única homosexualidad verdadera es la que sobrevive a pesar de los obstáculos, avergonzada, humillada, la única a la que puede corresponder en el mismo ser un refinamiento de las cualidades morales. [LP 194]

Nombres/Palabras

Las palabras nos presentan de las cosas una imagen sucinta, clara y usual como las que se cuelgan en las paredes de las escuelas para dar a los niños un ejemplo de lo que es un banco, un pájaro o un hormiguero, cosas que se conciben todas semejantes entre las de su clase. Pero los nombres presentan de las personas—y de las ciudades, que nos habitúan a considerar tan individuales y únicas como a personas—una imagen confusa que extrae de ellos, de su sonoridad resplandeciente o sombría, el color con que está pintada uniformemente, como uno de esos carteles completamente azules o completamente rojos en los que, ya sea por limitaciones del procedimiento o por simple capricho del decorador, son azules o rojos no solamente el cielo y el mar, sino las barcas, la iglesia y los paseantes. [CS 380-381]

Significación explícita/Signos implícitos

Bloch pensaba que la verdad política puede ser reconstituida aproximadamente por los cerebros más lúcidos, porque se figuraba, como la mayor parte del público, que habita siempre, indiscutible y material, en el archivo secreto del presidente de la República y del presidente del Consejo, quienes la dan a conocer a los ministros. Pero aun cuando la verdad política implique algunos documentos, es improbable que éstos tengan más valor que el de un cliché radioscópico, donde el vulgo cree que la enfermedad del paciente se inscribe con todas sus letras, cuando de hecho ese cliché ofrece un simple elemento de apreciación que habrá de unirse a otros muchos sobre los que se aplicará el razonamiento del médico para deducir su diagnóstico. Por eso, la verdad política, en el momento en que se acerca uno a hombres informados y cree alcanzarla, se evade.

[CG 232]

[...] A fuerza de vivir conmigo y con mis padres, el temor, la prudencia, la atención y la astucia habían acabado por dar [a Francisca] de nosotros esa suerte de conocimiento instintivo y casi adivinatorio que tiene del mar el marinero, del cazador el venado y de la enfermedad, si no el médico, al menos con frecuencia el enfermo. [...] Pero, sobre todo, al igual que los escritores alcanzan a menudo un poder de concentración del que les habría dispensado el régimen de libertad política o de anarquía literaria, cuando están atados de pies y manos por la tiranía de un monarca o de una poética, por las severidades de las reglas prosódicas o de una religión de Estado, así Francisca, al no poder respondernos de manera explícita, hablaba como Tiresias y habría escrito como Tácito. Sabía hacer llegar todo lo que no podía expresar directamente en una frase, que no podríamos incriminar sin descubrirnos, incluso en menos que una frase, en un silencio, o en el modo de colocar un objeto cualquiera. [CG 347-349]

Posibilidad/Realidad

Afirmamos que la hora de la muerte es incierta, pero cuando lo decimos nos representamos esa hora como situada en un espacio vago y lejano, sin imaginar que tenga la menor relación con la nueva jornada y pueda significar que la muerte—o su primera apropiación parcial de nosotros, tras de la cual ya no nos abandonará—se produzca esa misma tarde tan poco incierta, esa tarde donde el empleo de todas las horas está regulado de antemano. Piensa uno en su paseo imprescindible para recuperar en un mes el buen aspecto, duda sobre el abrigo que ha de ponerse, o del cochero que va a llamar, monta en el coche con toda la jornada por delante, corta, porque desea volver a tiempo para recibir a una amiga; desea que vuelva a hacer buen tiempo al día siguiente, sin sospechar que la muerte lo ronda en otro plano y ha elegido precisamente ese día para entrar en escena... [CG 305]

Formadas aisladamente, las ideas de unas bombas lanzadas y de una muerte posible no añadían para mí nada trágico a la imagen que me hacía del paso de las aeronaves alemanas, hasta que, desde uno de ellos, sacudido, fragmentado a mis ojos por las oleadas de bruma de un cielo agitado, desde un aeroplano que, aunque supiera mortífero, imaginaba sólo estelar y celeste vi un atardecer la trayectoria de la bomba lanzada contra nosotros. Pues la realidad original de un peligro sólo se percibe en esa cosa nueva, irreductible a lo ya sabido, que se llama impresión, y que a menudo se resume, como en este caso, en una línea, una línea que describía una intención, una línea con el poder latente de una realización que la deformaba. [TR 109]

4. LA SUPERACIÓN DEL INDIVIDUO (PUNTO DE VISTA SUPERIOR DE LA ESENCIA)*

Así como la señora de Villeparisis necesitó de mucha seriedad para dar en su conversación y en sus Memorias la sensación de frivolidad, que es a su vez intelectual, igualmente, para que el cuerpo de Saint-Loup estuviera animado por tanta aristocracia, era preciso que ésta hubiera abandonado su pensamiento, orientada hacia fines más elevados, y, reabsorbida en su cuerpo, se hubiera asentado en él con líneas inconscientes y nobles.

---

* Remitimos a los textos que hacen referencia a la creación artística. *(N. de la e.)*

No por ello su distinción espiritual estaba ausente de una distinción física que, de faltar la primera, no habría sido completa. Un artista no necesita expresar directamente su pensamiento en su obra para que ésta refleje la calidad; se ha llegado incluso a decir que la mayor alabanza de Dios reside en la negación del ateo, dado que encuentra la Creación lo bastante perfecta para pasar sin creador. [CG 402]

VIII. COMPOSICIÓN DE *LA RECHERCHE*

1. RELACIÓN DE IMPLICACIÓN: CONTINENTE/ CONTENIDO. LOS SIGNOS SE EXPLICAN

En las impresiones, la sensación y el lugar

La primera noche, como sufría de una crisis cardíaca, traté de controlar mi dolor agachándome con lentitud y prudencia para descalzarme. Pero apenas toqué el primer corchete de mi botina, se llenó mi pecho de una presencia desconocida y divina, me sacudieron unos sollozos y las lágrimas brotaron de mis ojos. El ser que venía en mi ayuda a salvarme de la sequedad del alma era el mismo que varios años atrás, en un momento de angustia y de soledad idénticas, en un momento en que ya no tenía nada de mí, había entrado y me devolvió a mí mismo, porque ese ser era yo y más que yo (el continente que es más que el contenido y me lo traía). Acababa de ver en mi memoria, inclinado sobre mi fatiga, el semblante tierno, preocupado y decepcionado de mi abuela tal y como era la primera noche de mi llegada; era el rostro de mi abuela, no de aquella que me sorprendí y reproché echar tan poco de menos y que de ella tenía sólo el nombre, sino de mi verdadera abuela, cuya realidad viva recuperaba por primera vez, desde los Champs-Élysées donde había sufrido su ataque, a través de un recuerdo involuntario y completo. Esta realidad no existe para nosotros mientras no sea recreada por nuestro pensamiento (sin esto, los hombres que participaron en un combate gigantesco serían todos grandes poetas épicos); y así, con un deseo ciego de precipitarme en sus brazos, sólo en aquel momento—más de un año después de su entierro, debido a ese anacronismo que impide tan a menudo al calendario de los hechos que coincida con el de los sentimientos—acababa de enterarme de que había muerto. Con frecuencia había hablado de ella después de aquel momento y la había recordado, pero bajo mis palabras y pensamientos de joven ingrato, egoísta y cruel, nunca hubo nada que se pareciera a mi abuela, porque en mi ligereza, mi gusto al placer y mi costumbre de verla enferma, el recuerdo de cuanto ella había sido sólo vivía en mí en estado virtual. En cualquier momento que la consideremos, nuestra alma total tiene apenas un valor ficticio pese al abundante balance de sus riquezas, porque tan pronto unas como otras no están disponibles, ya sean riquezas efectivas o de la imaginación, y en mi caso por ejemplo, más que la del antiguo nombre de los Guermantes, aquellas mucho más serias del recuerdo verdadero de mi abuela. Pues a las perturbaciones de la memoria están ligadas las intermitencias del corazón. Sin duda, la existencia de nuestro cuerpo, semejante para nosotros a una vasija que contiene nuestra espiritualidad, es la que nos induce a suponer que todos nuestros bienes interiores, nuestras pasadas alegrías, todos nuestros dolores están perpetuamente en posesión nuestra. Probablemente sea igual de inexacto creer que se escapan o retornan. En todo caso, si permanecen en nosotros, casi siempre es en un dominio desconocido donde no nos sirven de nada, y en el que hasta las impresiones más usuales son repelidas por recuerdos de un orden diferente que excluyen toda simultaneidad con ellas en la consciencia. Pero si recuperamos el marco de sensaciones donde se conservan, éstas tienen a su vez ese mismo poder de repeler todo cuanto les es incompatible y de instalar en nosotros el yo que las vivió. Ahora bien, como el yo que acababa súbitamente de volver a ser no había existido desde aquella noche lejana en que mi abuela me desvistió al llegar a Balbec, de modo completamente natural, y no tras la jornada actual que aquel yo ignoraba—como si hubiera en el tiempo series diferentes y paralelas—, sin solución de continuidad e inmediatamente después de aquella primera noche, me adherí al momento en que mi abuela se había inclinado hacia mí. El yo de entonces, que había desaparecido hacía tiempo estaba de nuevo tan cerca de mí que me parecía aún oír las palabras inmediatamente anteriores y no obstante eran sólo un sueño, como un hombre a medio despertar cree percibir junto a él los sonidos de su sueño fugaz. Yo no era sino ese ser que buscaba refugiarse en los brazos de su abuela [...]. Y ahora que aquel mismo deseo renacía, sabía que podía esperar horas y horas sin que ella volviera a estar junto a mí; no hacía más que descubrirlo porque, al sentirla por primera vez viva, real, dilatando mi corazón hasta partirlo, en suma al encontrarla de nuevo, acababa de descubrir que la había perdido para siempre. Perdido para siempre; no podía comprenderlo, y trataba de asimilar el sufrimiento de esta contradicción [...]. De esta impresión dolorosa y actualmente incomprensible no sabía en realidad si extraería un día algo de verdad, pero sí que si ese poco de verdad podía obtenerlo alguna vez sólo sería de ella, tan particular y espontánea que no estaba trazada por mi inteligencia ni atenuada por mi pusilanimidad, sino que la misma muerte, la brusca revelación de la muerte, había abierto en mí como el rayo, según un gráfico sobrenatural e inhumano, una doble y misteriosa escisión. [SG 152-156]

*En el lenguaje, el nombre propio y la genealogía,
o la etimología*

En la época en que los nombres nos ofrecen la imagen de aquello incognoscible que hemos depositado en ellos, en el momento mismo en que designan también para nosotros un lugar real, nos obligan por ello a identificar lo uno con lo otro, hasta el punto de que vamos a buscar en una ciudad un espíritu que no puede contener pero que ya no podemos expulsar de su nombre; no es sólo que den una individualidad a las ciudades y a los ríos, como hacen las pinturas alegóricas, ni maticen de diferencias y pueblen de elementos maravillosos únicamente el universo físico, sino también el universo social: entonces, cada castillo, cada mansión o palacio famoso tiene su dama o su hada como los bosques su genio y sus divinidades las aguas. [...]

Si una sensación de un año pretérito—como algunos instrumentos de música guardan el sonido y el estilo de los diferentes artistas que los tañeron—permite a nuestra memoria hacernos oír ese nombre, que en apariencia no ha cambiado, con el timbre particular de entonces, sentimos la distancia que separa entre sí los sueños que significaron sucesivamente para nosotros sus sílabas idénticas. Por un instante, del gorjeo renacido de aquella antigua primavera podemos extraer, como de los tubitos que se utilizan para pintar, el matiz exacto, olvidado, misterioso y fresco de aquellos días que creíamos recordar cuando, como los malos pintores, dábamos a todo nuestro pasado, extendido sobre un mismo lienzo, los tonos convencionales y uniformes de la memoria voluntaria. Y, por el contrario, cada uno de los momentos que lo compusieron empleaba, para una creación original y con una armonía única, unos colores que hoy ignoramos [...]. Si bien en el torbellino vertiginoso de la vida corriente, donde sólo poseen un uso enteramente práctico, los nombres han perdido todo color, como una peonza prismática que gira muy aprisa parece gris, en cambio, cuando en la ensoñación reflexionamos para volver al pasado y tratamos de moderar, de suspender, el movimiento perpetuo que nos arrastra, poco a poco vemos aparecer de nuevo, yuxtapuestos pero completamente distintos unos de otros, los matices que en el curso de nuestra existencia nos presentaba sucesivamente un mismo nombre. [CG 4-6]

[...] Por el acento y la elección de las palabras sentía uno que el fondo de la conversación de la duquesa provenía directamente de Guermantes. Por eso, la duquesa difería profundamente de su sobrino Saint-Loup, invadido como él estaba por tal cantidad de ideas y expresiones nuevas; es difícil, cuando está uno turbado por las ideas de Kant y la nostalgia de Baudelaire, escribir en el francés exquisito de Enrique IV, de modo que la pureza misma del lenguaje de la duquesa era señal de limitación, de que en ella la inteligencia y la sensibilidad se mantuvieron cerradas a cualquier novedad. El talento de la señora de Guermantes me complacía incluso en eso, precisamente por lo que excluía (y que componía justamente la materia de mi propio pensamiento) y por todo aquello que, en consecuencia, había podido conservar, ese seductor vigor de los cuerpos ligeros que ninguna reflexión agotadora ni preocupación moral o turbación nerviosa han alterado. Su espíritu, de una formación tan anterior al mío, era para mí el equivalente de lo que me ofreció el paseo de la bandada de muchachas a la orilla del mar. [...] Sólo que ella era incapaz de comprender lo que había buscado en ella—el hechizo del nombre de Guermantes—y lo poco que había encontrado: un resto provinciano de Guermantes. [CG 486-487]

Sin duda, esas regiones fantásticas y ese pasado remoto que introducían bosques y campanarios góticos en su nombre habían configurado en cierta medida su rostro, su espíritu y sus prejuicios, pero no subsistían en ellos sino como la causa en el efecto, es decir seguramente posibles de discernir por la inteligencia pero en modo alguno sensibles a la imaginación.

Y esos prejuicios de antaño devolvieron súbitamente a los amigos de monsieur y de madame de Guermantes su poesía perdida. Cierto es que las nociones propias de los nobles que los hacen eruditos, etimologistas de la lengua, pero no de las palabras sino de los nombres (y aún así solamente en relación a la media de la burguesía ignorante, ya que si, a pareja mediocridad, un devoto es capaz de contestar acerca de la liturgia mejor que un librepensador, en cambio un arqueólogo anticlerical podrá por lo general aleccionar al cura sobre todo cuanto concierne a su propia parroquia), esas nociones, si deseamos mantenernos en la verdad, es decir en el espíritu, ni siquiera tenían para esos importantes señores el encanto que habrían tenido para un burgués. Ellos sabían seguramente mejor que yo que la duquesa de Guisa era princesa de Clèves, de Orléans y de Porcien, etc., pero conocieron, antes incluso que todos esos nombres, el rostro de la duquesa de Guisa que, a partir de entonces, ese nombre reflejaría para ellos. Yo comencé por el hada, aunque bien pronto moriría; ellos, por la mujer. [CG 516]

En el gran mundo, la aristocracia y la historia

[...] En las conversaciones que sostenían yo no buscaba más que un placer poético. Sin ellos saberlo, me lo procuraban como habrían hecho labradores o marineros que hablasen de agricultura y de mareas, realidades poco desprendidas de sí mismos para que pudieran disfrutar en ellas la belleza que personalmente me encargaba de extraerles.

[...] Un gran acontecimiento histórico aparecía sólo de pasada y enmascarado, desnaturalizado, reducido al nombre de una propiedad o a los nombres de una mujer, que se eligieron así por ser la nieta de Luis Felipe y de María Amelia no en su calidad de rey y reina de Francia, sino sólo en la medida en que, como abuelos, legaron una herencia. [...] Así, con su maciza construcción, abierta por escasas ventanas, sin que apenas se filtre la luz, con la misma falta de elevación pero también el mismo poder mastodóntico y ofuscado que la arquitectura romana, la aristocracia encierra toda la historia, la amuralla y la ensombrece. [CG 520]

[...] La historia, aunque sea simplemente genealógica, devuelve la vida a las vetustas piedras. Hubo en la sociedad parisina hombres que desempeñaron un papel igual de considerable, que fueron si cabe más solicitados en ella por su elegancia o por su talento, e incluso que eran de tan alta alcurnia como el duque de Guermantes o el duque de La Tremoïlle. Hoy han caído en el olvido porque, como no tuvieron descendencia, su nombre, que ya no oímos nunca, suena como un nombre desconocido; a lo sumo un nombre de cosa, bajo el que no esperamos descubrir el nombre de hombres, sobrevive en algún castillo o pueblo lejano. Algún día, el viajero que adentrado en la Borgoña se detenga en el pueblecito de Charlus para visitar su iglesia, si no es bastante estudioso o lleva demasiada prisa para examinar en ella las lápidas, ignorará que el nombre de Charlus fue el de un hombre par de los más grandes. [CG 524]

En el amor, la amada y el paisaje

Qué diferencia entre poseer a una mujer por la que se interesa sólo nuestro cuerpo, porque no es más que un pedazo de carne, y poseer a la muchacha que veíamos en la playa con sus amigas algunos días, sin saber siquiera por qué esos días mejor que otros, y que hacía que temblásemos por no volver a verla. [...] Besar, en lugar de las mejillas de la primera que apareciese, por frescas que fueran, pero anónimas, sin secreto, sin magia, aquellas con las que tanto tiempo había soñado sería conocer el gusto y el sabor de un color muchas veces contemplado. Vemos a una mujer, simple imagen en el decorado de la vida, como Albertina perfilada contra el mar, y esta imagen podemos luego desgajarla, acercárnosla, ver poco a poco su volumen, sus colores, como si la hiciéramos pasar tras los cristales de un estereoscopio. [...] Albertina reunía, ligadas en torno a ella, todas las impresiones de una serie marítima que me era particularmente querida. Me parecía que habría podido besar, en las dos mejillas de la muchacha, toda la playa de Balbec. [CG 351-352]

[...] Mejor que pedirle a Gilberta que me presentara a algunas muchachas, habría sido ir a esos lugares donde nada nos vincula a ellas, donde entre ellas y uno mismo se percibe algo infranqueable, donde a dos pasos, en la playa, camino del baño, se siente uno separado de ellas por lo imposible. Así es como mi sentimiento del misterio pudo aplicarse sucesivamente a Gilberta, a la duquesa de Guermantes, a Albertina y a tantas otras. [...] En las mujeres que yo había conocido, el paisaje era por lo menos doble. Cada una se alzaba, en un punto diferente de mi vida, enhiesta como una divinidad protectora y local, primero en medio de uno de esos paisajes soñados cuya yuxtaposición cuadriculaba mi vida y donde yo me puse a imaginarla, y después vista desde la perspectiva del recuerdo, rodeada de parajes donde la había conocido y que, unida a ellos, ella me evocaba, pues si nuestra vida es vagabunda, nuestra memoria es sedentaria, y por más que nos lancemos sin tregua, nuestros recuerdos, orillados a los lugares de los que nos separamos, siguen asociando a ellos su vida cotidiana. [...] Así como la sombra de Gilberta se alargaba no solamente ante una iglesia de la Île-de-France donde yo la había imaginado, sino también por la avenida de un parque del camino de Méséglise, la de madame de Guermantes lo hacía por un camino húmedo donde crecían en mazorcas racimos violetas y rojizos, o sobre el dorado matinal de una acera parisina. Y esta segunda persona, aquélla nacida no del deseo sino del recuerdo, no era única para cada una de esas mujeres. Pues conocí a cada una en diferentes ocasiones y en distintos momentos, cuando era otra para mí y yo mismo era otro, inmerso en sueños de otra tonalidad. Pues la ley que gobernó los sueños de cada año mantenía reunidos en derredor suyo los recuerdos de una mujer que yo había conocido, como por ejemplo todo lo relacionado con la duquesa de Guermantes en la época de mi infancia estaba concentrado, por una fuerza de atracción, alrededor de Combray, y todo lo que tenía que ver con la duquesa de Guermantes que ahora me invitaba a desayunar en torno a un ser sensitivo muy diferente; había varias duquesas de Guermantes, como hubo varias madame Swann desde la dama de rosa, separadas por el éter incoloro de los años, y me resultaba tan imposible saltar de una a otra como dejar un planeta para ir a otro separado por el éter. No sólo separada, sino diferente, engalanada con los sueños de otras épocas como de una flora particular e inencontrable en otro planeta. [...] Todos los recuerdos que componían la primera mademoiselle Swann estaban efectivamente eliminados de la Gilberta actual, retenidos muy lejos por la fuerza de atracción de otro universo, en torno a una frase de Bergotte con la que se amalgamaban, e impregnados de un aroma de espino blanco. [TR 296]

La filosofía habla a menudo de actos libres y actos necesarios. Quizá no haya otro al que nos sometamos más completamente que aquel que en virtud de una fuerza ascensional comprimida durante la acción, y una vez nuestro pensamiento está en reposo, hace remontar un recuerdo, hasta entonces igual a los otros por la fuerza opresiva de la distracción, porque sin saberlo nosotros contenía mayor atractivo que los demás, pero no nos damos cuenta hasta veinticuatro horas después. Y quizá tampoco haya un acto más libre, por estar aún desprovisto del hábito, que esa especie de manía mental que en el amor facilita el renacimiento exclusivo de la imagen de una determinada persona.

La víspera de ese día fue justamente cuando vi desfilar ante el mar a la hermosa procesión de muchachas [...], especie de blanca y vaga constelación donde no era posible distinguir dos ojos más brillantes que los demás, una cara maliciosa o unos rubios cabellos sino para volverlos a perder y confundirlos en seguida en el seno de la nebulosa indistinta y láctea. [...] Entonces aquellas jovencitas estaban aún en ese grado elemental de formación en que la personalidad no ha impreso su sello en el rostro. Como en los organismos primitivos donde el individuo apenas existe por sí mismo y está constituido antes por el polípero que por cada uno de los pólipos que lo componen, se mantenían apretadas unas contra otras. A veces una de ellas hacía caer a su vecina, y entonces una risa alocada, que parecía la única manifestación de su vida personal, las agitaba a todas a la vez, disipando y confundiendo esos rostros indecisos y gesticuladores en el bloque de un único racimo chispeante y tembloroso [...]. Debían de formar ya en la playa un manchón singular que llamaba la atención, pero sólo era posible reconocerlas individualmente por el razonamiento [...].

Aun sin saberlo, cuando pensaba en ellas, eran inconscientemente para mí las ondulaciones montuosas y azuladas del mar, el perfil de un desfile ante el mar. Si había de ir a alguna ciudad donde ellas estuvieran, yo esperaba encontrarme sobre todo con el mar. El amor más exclusivo por una persona es siempre amor por algo más. [JF 397]

Sin duda, cada vez que vemos de nuevo a una persona con quien nuestras relaciones—por insignificantes que sean—han cambiado, hay como una confrontación de dos épocas. [...] [Albertina] parecía una maga que me presentaba un espejo del tiempo. Se asemejaba en eso a todos aquellos que vemos muy rara vez, y que en otro momento vivieron con nosotros de un modo más íntimo. Pero en su caso había algo más. Cierto que, inclusive en nuestros encuentros diarios de Balbec, me sorprendía siempre al verla, de tan mudable como era. Pero ahora apenas podía reconocerla. Desprendidos del vapor rosado que los bañaba, sus rasgos estaban cincelados como una estatua. Tenía otra cara, o más bien tenía por fin una cara; su cuerpo había aumentado. Nada quedaba ya prácticamente de la carcasa donde estuvo envuelta en Balbec, y en cuya superficie apenas se insinuaba su futura forma.

Albertina, esta vez, volvía a París antes que de costumbre. De ordinario no llegaba hasta la primavera, de modo que yo, alterado ya hacía unas semanas por las tormentas caídas sobre las primeras flores, no separaba en el placer que sentía el regreso de Albertina y el de la hermosa estación. Bastaba que alguien me dijera que ella estaba en París y que había pasado por mi casa, para que volviera a verla como una rosa a la orilla del mar. No sé muy bien si era el deseo de Balbec o el de ella lo que se amparaba de mí entonces, seguramente el deseo de ella era a su vez una forma perezosa, laxa e incompleta de poseer Balbec, como si poseer materialmente una cosa, establecer uno su residencia en una ciudad, equivaliera a poseerla espiritualmente. [...]

Esas agradables combinaciones que una muchacha forma con una playa, con el cabello trenzado de una estatua de iglesia, con una estampa, con todo aquello por lo que amamos en una de ellas, cada vez que se manifiesta, una imagen agradable, no son muy estables.

[CG 334-341]

2. RELACIÓN DE COMPLICACIÓN: PARTES/TODO
(COEXISTENCIA DE VASOS ESTANCOS).
LOS SIGNOS SE ELIGEN

Fraccionamiento y multiplicación de los mundos

Recordaba a Albertina primero en la playa, casi pintada contra el fondo marino, con una existencia para mí no más real que esas visiones de teatro [...]. Luego la mujer real se había separado del haz luminoso y había venido a mí, pero simplemente para darme cuenta de que, en el mundo real, en nada tenía esa facilidad amorosa que le suponía en la imagen mágica. [...] Y, en un tercer plano, me parecía real como en mi segundo conocimiento de ella, pero fácil como en el primero.

[CG 350]

Notaba accesoriamente que la diferencia entre cada una de las impresiones reales —diferencias que explican que una pintura uniforme de la vida no pueda ser análoga— se debe probablemente a que la menor palabra pronunciada en una época de nuestra vida, nuestro gesto más insignificante, estaba envuelto, portaba en sí el reflejo, de cosas que lógicamente no procedían de él y que le fueron separadas por la inteligencia, pues de nada le servían para las necesidades del razonamiento, pero entre las cuales [...] el gesto, el acto más sencillo, queda recluido como en mil vasos estancos, cada uno relleno de cosas de un color, un olor, una temperatura completamente diferentes; sin contar que estos vasos, distribuidos a lo largo de nuestros años, durante los cuales no hemos dejado de cambiar aunque sea sólo en sueños y de pensamiento, están situados a alturas muy diversas y nos dan la sensación de atmósferas singularmente variadas.

[TR 171-177]

Para que la muerte de Albertina hubiera suprimido mis sufrimientos, el golpe habría debido de matarla no solamente en Turena, sino en mí. Nunca ella estuvo en mí más viva. Para entrar en nosotros, un ser ha tenido que conformarse y doblegarse al marco del Tiempo; no mostrándosenos sino por minutos sucesivos, nunca pudo ofrecernos más que un solo aspecto a la vez, detallarnos de él una única fotografía. Gran debilidad sin duda para un ser, que consista en una simple colección de momentos; gran fuerza también, que depende de la memoria, y la memoria de un momento no está informada de todo lo sucedido después; el momento que ha registrado perdura aún, vive todavía, y con él el ser que allí se perfilaba. Y además esta dispersión no sólo hace vivir a la muerta, la multiplica. Para consolarme, habría debido de olvidar no a una, sino a innumerables Albertinas. Cuando conseguía soportar la pena de haber perdido a una, volvía a comenzar con otras, con otras cien. [AD 60-62]

Hoy haríamos ese viaje [a Balbec], por creerlo así más agradable, en automóvil. Al realizarlo de ese modo, resultaría en un cierto sentido hasta más real, porque podrían seguirse más de cerca y con mayor intimidad las diversas gradaciones del terreno. Pero en definitiva el placer específico del viaje no estriba en poder apearse por el camino ni detenerse cuando se está fatigado, sino en hacer que la diferencia entre la salida y la llegada, en vez de tan insensible, sea todo lo profunda posible, sintiéndola en su totalidad, intacta, tal y como era en nuestro pensamiento cuando la imaginación nos trasladaba del lugar habitual hasta el corazón de un lugar deseado, en un salto que no nos parecía tan milagroso porque cruzara una distancia como porque unía dos individualidades distintas de la tierra, llevándonos de un nombre a otro, tal y como esquematiza (mejor que un paseo donde, como uno para donde quiere, tampoco existe ya la llegada) la misteriosa operación que se cumple en esos lugares especiales que son las estaciones, lugares que no forman parte de la ciudad pero contienen la esencia de su personalidad, lo mismo que en un cartel indicador figura su nombre. [JF 213]

La totalidad es estadística

Esos seres, entre nuestras propias manos, son seres fugaces. Para comprender las emociones que despiertan y que otros seres, aunque sean más bellos, no ocasionan, debe tenerse en cuenta que no están fijos, sino en movimiento, y añadir a su persona un signo equivalente al que en física corresponde a la velocidad. [...] Por desgracia, los ojos dispersos, con la mirada perdida, y tristes, posibilitarían quizá medir las distancias, pero nunca indican las direcciones. Se abre un campo infinito de posibles, y si por casualidad nos apareciera lo real, quedaría tan alejado de los posibles que, por un súbito aturdimiento, yendo a dar contra ese muro recién alzado, caeríamos de espaldas. [...] Y desde luego, aunque hablemos de «seres fugaces», esto es igualmente cierto de los seres aprisionados, de las mujeres cautivas que uno ve imposible poseer. [...] ¿No había adivinado yo en Albertina a una de esas muchachas bajo cuya envoltura carnal palpitan más seres ocultos, no ya que en un juego de cartas guardado aún en su caja, o que en una catedral cerrada, o en un teatro antes de abrir sus puertas, sino que en la multitud inmensa y cambiante? Y no solamente esa cantidad de seres, sino el deseo, el recuerdo voluptuoso, la inquieta búsqueda de cada uno de ellos. [...] Lo que nos vincula a los seres son esas mil raicillas, esos innumerables hilos constituidos por los recuerdos de la velada de la víspera, las esperanzas de la madrugada siguiente, toda esa trama continua de hábitos de la que no podemos desprendernos. Lo mismo que algunos avaros atesoran por generosidad, nosotros somos pródigos que gastan por avaricia, y sacrificamos nuestra vida no tanto a un ser como a todo cuanto ha podido fijar en derredor suyo de nuestras horas y nuestros días, de todo lo que comparado con ello la vida aún por vivir, la vida relativamente futura, nos parece una vida más lejana, más separada, menos íntima, menos nuestra. [...] Comprendía así la imposibilidad con que choca el amor. Creemos que su objeto es un ser que puede estar acostado junto a nosotros, recluido en un cuerpo. ¡Qué va! Es la extensión de ese ser a todos los puntos del espacio y del tiempo que ha ocupado y va a ocupar. Si no poseemos su contacto con un lugar o una hora dados, no lo poseemos en absoluto. [LP 83-92]

[...] No me daba cuenta de que debería haber renunciado a Albertina hacía tiempo, pues ella había entrado para mí en ese período lamentable en que un ser, diseminado en el espacio y en el tiempo, no es ya para nosotros una mujer, sino una serie de acontecimientos que no podemos dilucidar, una serie de problemas irresolubles, un mar que tratamos ridículamente de golpear, como Jerjes, para castigarlo por lo que se ha engullido. [LP 96]

Organización de los vasos estancos:

a) En círculos

Al dejar mi mirada deslizarse por el hermoso globo rosado de sus mejillas, cuyas superficies suavemente combadas iban a morir a pie de los primeros repliegues de sus hermosos cabellos negros, que resbalaban en accidentadas cadenas, realzaban sus escarpadas estribaciones y moldeaban las ondulaciones de sus valles, debí decirme: «Al fin voy a saborear, lo que no logré en Balbec, el gusto de la rosa desconocida que son las mejillas de Albertina. Y dado que los círculos que podemos hacer que atraviesen las cosas y los seres en el transcurso de nuestra existencia no son muy numerosos, seguramente podría considerar la mía en cierta forma realizada cuando, tras hacer salir de su remoto marco el florido rostro que había elegido entre todos, lo condujera a ese nuevo plano donde obtendría al fin conocimiento de él por medio de los labios». Me decía esto porque creía que existe un conocimiento por los labios. [CG 353]

b) En direcciones opuestas

Comprendía que lo que me pareció no valer veinte francos cuando me había sido ofrecido por veinte francos en la casa de citas, donde era solamente para mí una mujer ansiosa por ganarse veinte francos, puede valer más de un millón, más que la familia, o que todas las situaciones codiciadas, si se ha comenzado por imaginar en ella a un ser desconocido, curioso de conocer, difícil de conquistar y de conservar. Sin duda Roberto y yo veíamos la misma cara menuda y fina. Pero habíamos llegado a ella por los dos caminos opuestos que no comunicarían jamás, y nunca veríamos en ella el mismo semblante. [...] La inmovilidad de ese fino rostro, como la de una hoja de papel sometida a las colosales presiones de dos atmósferas, me parecía equilibrada por dos infinitos que venían a dar en él sin encontrarse, porque él los separaba. Y en efecto, cuando la mirábamos los dos, ni Roberto ni yo la veíamos por el mismo lado del misterio.

No es que «Rachel quand du Seigneur» me pareciera poca cosa, era el poder de la imaginación humana y la ilusión sobre la que reposaban los dolores del amor lo que encontraba grandes [...], porque el amor y el sufrimiento que forma un todo con él tienen el poder de diferenciar para nosotros las cosas. [CG 151-155]

Todos los atardeceres, reanudaba en otro sentido nuestros antiguos paseos de Combray, cuando íbamos a primera hora de la tarde por el camino de Méséglise. [...] Me entristecía ver cuán poco revivía mis años de entonces. El Vivonne me parecía estrecho y feo junto al camino de sirga. No porque descubriera grandes inexactitudes materiales en lo que recordaba. Pero separado de los lugares que volvía a recorrer por toda una vida diferente, no había entre ellos y yo aquella contigüidad de la que nace, incluso antes de que lo percibamos, la inmediata, deliciosa y total deflagración del recuerdo. [...] Hablábamos con Gilberta de manera muy grata para mí. Mas no sin dificultad. En la mayoría de los seres hay diferentes capas que no son semejantes, como el carácter del padre, o de la madre; vamos de una a otra. Pero al día siguiente el orden de superposición se ha invertido. Y al final no sabe uno quién distribuirá las partes ni a quién fiará la sentencia. Gilberta era como esos países con los que nadie se atreve a aliarse porque cambian con demasiada frecuencia de gobierno. Aunque en el fondo es erróneo. La memoria del ser más sucesivo establece en él una especie de identidad y le hace que no quiera faltar a las promesas que recuerda, aun cuando no las hubiera ratificado. En cuanto a su inteligencia, la de Gilberta era, con algunas incongruencias de su madre, muy viva. Pero, y esto no afecta a su valor propio, recuerdo que en nuestras conversaciones mientras paseábamos, muchas veces me sorprendía extraordinariamente. Una, la primera, cuando me dijo: «Si no estuvieras tan hambriento y no fuera tan tarde, tomando ese camino de la izquierda y torciendo después a la derecha, en menos de un cuarto de hora estaríamos en Guermantes». Es como si me hubiese dicho: «Tuerce a la izquierda, sigue luego a mano derecha, y alcanzarás lo intangible, los intangibles horizontes de los que, en este mundo, nunca se conoce más que la dirección, exclusivamente «el camino»—lo que en otro tiempo creí posible conocer solamente de Guermantes y acaso, en cierto sentido, no me equivocaba. Otra de mis sorpresas fue ver las «fuentes del Vivonne», que yo me figuraba tan sobrenaturales como la entrada a los Infiernos, y que no eran más que una especie de lavadero cuadrado de donde brotaban burbujas. Y la tercera vez fue cuando Gilberta me dijo: «Si quieres, podríamos salir una tarde a primera hora e ir a Guermantes por Méséglise, es el camino más bonito», frase que trastocaba todas las ideas de mi infancia, al mostrarme que los dos caminos no eran tan inconciliables como yo había creído.

[AD 266-268]

Nunca vemos sino un lado de las cosas, y de no habermeentristecido, habría encontrado cierta belleza en el hecho de que, mientras la carrerilla del ascensorista hasta Saint-Loup fue para mí una forma cómoda de hacerle llegar una carta y obtener su respuesta, para éste supuso la manera de conocer a alguien que le había gustado. Y es que, en realidad, las cosas son por lo menos dobles. Al más insignificante de nuestros actos, otro hombre empalma una serie de actos enteramente distinta. Es verdad que la aventura de Saint-Loup con el ascensorista, si tuvo lugar, no me parecía que estuviera más contenida en el banal envío de mi carta que el hecho de que, por el solo conocimiento del dúo de *Lohengrin*, alguien pudiera prever el preludio del *Tristán*, de Wagner. Debido a la pobreza de nuestros sentidos, las cosas sólo ofrecen a los hombres un número restringido de sus innumerables atributos. Están coloreadas porque tenemos ojos; pero ¿cuántos otros epítetos merecerían si tuviéramos centenares de sentidos? No obstante, el aspecto diferente que podrían tener nos resulta más asequible por lo que en la vida tal vez sea un acontecimiento mínimo, del que apenas conocemos una parte como si fuera la totalidad, que otro observa por una ventana abierta al otro lado de la casa y de donde se le ofrece otra vista. [AD 260]

c) En partes separadas

Sólo conocemos verdaderamente lo que es nuevo, aquello que introduce bruscamente en nuestra sensibilidad un cambio de tono estremecedor, que el hábito no ha sustituido aún por sus pálidos facsímiles. Pero sería sobre todo aquel fraccionamiento de Albertina en numerosas partes, en varias Albertinas, su único modo de existencia en mí. Retornaron momentos en que ella había sido sólo buena, o inteligente, o sensata, o hasta aficionada a los deportes sobre cualquier otra cosa. ¿No era precisamente ese fraccionamiento lo que me calmaba? Pues aunque en sí mismo no se trataba de nada real, y se debía a la forma sucesiva de las horas en que ella se me apareció, forma que era la de mi memoria, dado que la curvatura de las proyecciones de mi linterna se adaptaba a la curvatura de los vidrios coloreados, ¿no representaba a su manera una verdad objetiva, a saber que cada uno de nosotros no es uno, sino que incluye numerosas personas, no todas del mismo valor moral, y que si la Albertina viciosa existió, no impedía que existieran otras...? [...] Las dos causas más importantes de error en nuestras relaciones con otro ser son: tener uno mismo un buen corazón, o bien amar a ese otro ser. Nos enamoramos de una sonrisa, de una mirada, de un hombro. Eso basta; luego, en las largas horas de esperanza o de tristeza, construimos una persona, componemos un carácter. [...] En mí, dado que era un hombre—uno de esos seres anfibios que están simultáneamente sumergidos en el pasado y en la realidad actual—, existía siempre una contradicción entre el recuerdo vivo de Albertina y mi conocimiento de su muerte. [...] Por lo demás, el efecto de esas breves revelaciones no era otro seguramente que hacerme más consciente de mi amor por Albertina, como sucede con todas las ideas demasiado constantes, que necesitan de una oposición para reafirmarse. Quienes vivieron durante la guerra de 1870, por ejemplo, dicen que la idea de la guerra acabó por parecerles natural, no porque no pensaran mucho en ella, sino porque pensaban continuamente. Y para comprender cuán extraño e importante es el hecho de la guerra, se requería de algo que les distanciase de su obsesión permanente, que olvidasen por un instante el imperio de la guerra y se viesen de nuevo cómo eran cuando había paz, hasta que repentinamente, sobre aquel blanco momentáneo, se destacara al fin distinta la realidad monstruosa que durante mucho tiempo habían dejado de ver, y no vieran otra cosa que ella. [AD 111-115]

Sistema de paso de un mundo a otro: la transversal

En el amor, los celos

¡Qué cantidad de personas, de ciudades, de caminos, ansiamos conocer por los celos! Gracias a su sed de saber, acabamos por tener sucesivamente, sobre puntos aislados unos de otros, todas las nociones posibles salvo aquella que quisiéramos. No puede predecirse si no nacerá una sospecha, pues de repente recordamos una frase poco clara, una coartada dicha no sin intención. [...] Por eso los celos son interminables, porque incluso si el ser amado está muerto, por ejemplo, y no puede provocarlos ya por sus actos, sucede que determinados recuerdos, posteriores a cualquier acontecimiento, se comportan en nuestra memoria asimismo como acontecimientos, recuerdos que no habíamos aclarado hasta ahora, que nos parecieron insignificantes y que basta con nuestra propia reflexión sobre ellos, sin ningún hecho exterior, para darles un sentido nuevo y terrible. No hace falta ser dos; basta con que uno solo piense en su habitación para que nuevas traiciones de la amada se produzcan, aunque esté muerta. En el amor, como en la vida habitual, tampoco hay que temer sólo el porvenir, sino también el pasado, que muchas veces no se realiza para nosotros sino después del futuro, y no hablamos sólo del pasado que conocemos inmediatamente, sino de aquel que conservamos desde tiempo atrás en nosotros y que de pronto aprendemos a descifrar. [LP 77-79]

Los días pasados recubren poco a poco cuantos les precedieron, que a su vez son sepultados por los siguientes. Pero cada día pasado queda depositado en nosotros como en una inmensa biblioteca donde, entre los libros más viejos, hay un ejemplar que seguramente nadie pedirá jamás. Pese a que ese día pasado, a través de la transparencia de las épocas siguientes, asciende a la superficie y se extiende en nosotros hasta cubrirnos por completo, de manera que por un instante los nombres recuperan su antiguo significado, los seres su antiguo rostro, nosotros nuestra alma de entonces, y sentimos con un sufrimiento vago, pero soportable y pasajero, aquellos problemas largo tiempo insolubles que tanto nos angustiaban entonces. Nuestro yo está formado de la superposición de nuestros estados sucesivos. Pero esta superposición no es inmutable como la estratificación de una montaña. Perpetuos levantamientos hacen aflorar a la superficie antiguas capas. [...]

En el sufrimiento físico al menos no somos nosotros quienes elegimos nuestro dolor. Nos lo impone y lo determina la enfermedad. Pero en los celos necesitamos experimentar en cierto modo sufrimientos de toda clase e intensidad antes de detenernos en aquel que nos parece conveniente. [AD 125-126]

En los lugares, el viaje

Puede parecer que mi afición a los mágicos viajes en ferrocarril habría de impedirme compartir el entusiasmo de Albertina por el automóvil, que conduce incluso a un enfermo allí donde desea e impide—como había hecho yo hasta entonces—considerar la situación como la marca individual o la esencia insustituible de las bellezas inamovibles. [...] No, el automóvil no nos conducía mágicamente a una ciudad cuyo conjunto veíamos resumido en su nombre, y con las ilusiones propias del espectador en el teatro. Nos introducía por las callejuelas y se detenía a preguntar una dirección a algún habitante. La compensación a una incursión tan familiar está en las vacilaciones del conductor que, inseguro de su ruta, retrocede ante el cruce de perspectivas que hace que el castillo juegue a las cuatro esquinas con la colina, la iglesia y el mar mientras se acerca a él, por mucho que se refugie tras su follaje secular; el automóvil describe círculos cada vez más concéntricos en derredor de una ciudad cautivadora que huye en todas direcciones para evadirle y sobre la que finalmente se enfila derecho, en picado, hasta el fondo del valle donde yace; de suerte que ese lugar, único punto que el automóvil parece haber despojado del misterio de los trenes expreso, da la impresión en cambio de ser un descubrimiento, de haber sido determinado por nosotros mismos mediante un compás, de ayudarnos a sentir con mano más amorosamente exploradora y con una precisión más exacta la verdadera geometría: la bella «medida de la tierra». [SG 394]

En los diversos momentos, el sueño

¿Cómo es que, cuando uno busca su pensamiento, su personalidad, como se busca un objeto perdido, acaba siempre por encontrar el propio yo antes que cualquier otro? ¿Por qué, cuando volvemos a pensar, no se encarna en nosotros una personalidad distinta de la anterior? No hay razón aparente que dicte la elección, ni por qué, entre los millones de seres humanos que uno podría ser, va a poner la mano precisamente en aquel que era la víspera. ¿Qué nos guía, cuando ha habido una verdadera interrupción (bien porque el sueño ha sido completo, o porque los sueños son totalmente distintos de nosotros), una auténtica muerte? [...] La resurrección del sueño—tras el beneficioso acceso de alienación mental que es el sueño—debe parecerse en el fondo a lo que ocurre cuando recordamos un nombre, un verso o un estribillo olvidados. Y acaso la resurrección del alma después de la muerte pueda concebirse como un fenómeno de memoria. [CG 81]

Los lugares fijos, contemporáneos de diferentes años, es mejor hallarlos en nosotros mismos. A ello pueden contribuir, en cierta medida, una gran fatiga tras una buena noche. Ambas, para hacernos descender por las galerías más subterráneas del sueño, donde ningún reflejo de la vigilia ni fulgor de la memoria alumbra ya el monólogo interior, si bien éste nunca cesa, remueven hasta tal punto el suelo y el subsuelo de nuestro propio cuerpo que nos ayudan a encontrar, allí donde nuestros músculos hunden y retuercen sus ramificaciones y absorben la vida nueva, el jardín de nuestra niñez. No hace falta viajar para verlo de nuevo, sólo hay que bajar a encontrarlo. Lo que la tierra ha cubierto no está ya sobre ella, sino debajo; la excursión no basta para visitar la ciudad muerta, son necesarias las excavaciones. Pero veremos cómo determinadas impresiones fugitivas y fortuitas nos retrotraen mucho mejor aún hacia el pasado, con una precisión más sutil y un vuelo más ligero, más inmaterial, más vertiginoso, infalible e inmortal que esas dislocaciones orgánicas. [CG 85]

El sueño era también uno de los fenómenos de mi vida que más me había impresionado y que más debió de servirme para convencerme del carácter puramente mental de la realidad, cuya ayuda no desdeñaría en la composición de mi obra. Cuando vivía entregado, de una forma algo menos desinteresada, a un amor, un sueño me aproximaba singularmente, haciéndole recorrer grandes distancias de tiempo perdido, a la abuela de Albertina, a la que comencé a amar porque a su vez me había ofrecido, en mi sueño, una versión atenuada de la historia de la lavandera. [TR 221]

La unidad se establece en la transversal

[...] Al cambiar la vía de dirección, el tren viró... y ya me desesperaba por haber perdido mi banda de cielo rosa cuando la vi de nuevo, pero esta vez encarnada, por la ventanilla de enfrente, de donde desapareció tras un segundo recodo de la vía; así que pasaba mi tiempo en correr de una ventana a otra para acercar y recomponer los fragmentos intermitentes y opuestos de mi hermosa aurora escarlata y versátil, y obtener de ella una vista total y una composición continua.

[JF 223-224]

3. OLVIDO: LEY DEL TIEMPO PERDIDO (INTRODUCE DISTANCIAS ENTRE COSAS CONTIGUAS)

¿Es porque no revivimos nuestros años en una serie continua, día por día, sino en el recuerdo fijado en el frescor de una mañana o en la insolación de un atardecer que, al recibir la sombra de un lugar aislado, cercado, inmóvil, detenido y perdido, alejado de todo lo demás, y ver así suprimidos los cambios graduales no solamente en el exterior, sino en nuestros sueños y nuestro carácter en evolución, cambios que nos han conducido insensiblemente por la vida de un tiempo a otro muy diferente, si revivimos otro recuerdo tomado de un año distinto, hallamos entre ellos, gracias a algunas lagunas, a inmensos bloques de olvido, como el abismo de una diferencia de altitud, como la incompatibilidad de dos calidades incomparables en la atmósfera aspirada y de coloraciones cambiantes?   [CG 386]

Gilberta no sólo culminaba poco a poco la obra del olvido en relación a a Swann; la aceleraba en mí respecto a Albertina. [...] Pues si muchos recuerdos vinculados a ella contribuyeron a mantener en mí el pesar de su muerte, recíprocamente el pesar mismo estabilizó los recuerdos. De suerte que la modificación de mi estado sentimental, preparada seguramente día tras día por las continuas disgregaciones del olvido pero realizada bruscamente en su conjunto, me dio aquella impresión, que recuerdo haber sentido ese día por primera vez, del vacío, de la desaparición en mí de toda una porción de asociaciones de ideas, como siente un hombre al que se le ha roto una arteria cerebral debilitada desde hace tiempo y en quien toda una parte de su memoria queda inhibida o paralizada. No amaba ya a Albertina. [...]

La desaparición de mi sufrimiento, y de todo lo que llevaba consigo, me dejaba disminuido, como a menudo la curación de una enfermedad que ocupaba en nuestra vida un lugar importante. Seguramente el amor no es eterno porque los recuerdos no siempre conservan su verdad, y porque la vida está compuesta de la permanente renovación de las células. Pero, en los recuerdos, esta renovación se retrasa debido a la atención que detiene y estabiliza por un instante lo que ha de cambiar. Y porque ocurre con el pesar lo que con el deseo de mujeres, que aumenta al pensar en ellas, estar muy ocupado facilitaría, tanto como la castidad, el olvido.

Si, por una reacción distinta (aunque la distracción—el deseo de mademoiselle de Éporcheville—fuera la que me hizo de pronto el olvido efectivo y sensible), el tiempo es lo que de todos modos trae progresivamente el olvido, el olvido no deja de alterar a su vez profundamente la noción del tiempo. Hay errores de óptica en el tiempo como los hay en el espacio. La persistencia en mí de una antigua veleidad de trabajar, de recuperar el tiempo perdido, de cambiar de vida, o más bien de comenzar a vivir, me daba la ilusión de que aún era joven; sin embargo, el recuerdo de todos los acontecimientos sucedidos en mi vida durante los últimos meses de la existencia de Albertina—así como los sucedidos en mi corazón, pues cuando se ha cambiado mucho tendemos a suponer que hemos vivido mucho tiempo—, hacía que me parecieran mucho más largos que un año, y ahora la interpolación fragmentada e irregular en mi memoria de aquel olvido de tantas cosas, que me separaba por espacios vacíos de acontecimientos muy recientes, mostrándomelos antiguos porque yo había tenido lo que se dice «el tiempo» de olvidarlos—como una bruma densa sobre el océano y que suprime los puntos de referencia de las cosas—, era lo que trastornaba, dislocaba mi sentido de las distancias en el tiempo, distendidas aquí, contraídas allá, y me hacía creerme tan pronto muy lejos, como mucho más cerca de las cosas de lo que en realidad estaba. Y puesto que en los nuevos espacios aún por recorrer que se abrían ante mí no quedaría ya rastro de mi amor por Albertina, así como no quedó, en el tiempo perdido que acababa de atravesar, de mi amor por mi abuela —mostrando una sucesión de períodos en los que, tras un cierto intervalo, nada de lo que sostenía el precedente subsistía ya en el siguiente—, mi vida me pareció tan desprovista del soporte de un yo individual idéntico y permanente, tan fútil en el futuro como larga en el pasado, que la muerte igual podría terminar aquí que allá, sin concluirla en absoluto, como los cursos de historia de Francia que en retórica se detienen indiferentemente, según el capricho de los programas o de los profesores, en la Revolución de 1830, en la de 1848, o al final del Segundo Imperio. [AD 172-174]

4. RECUERDO: LEY DEL TIEMPO RECOBRADO (INSTAURA UNA CONTIGÜIDAD ENTRE COSAS DISTANTES)

En el gran juego del escondite que se practica en la memoria cuando desea uno dar con un nombre, no hay una serie de aproximaciones graduales. De no ver nada, se pasa de pronto a ver el nombre exacto y completamente diferente de lo que suponíamos. No es que el nombre haya venido a nosotros. No, creo más bien que a medida que vivimos pasamos el tiempo alejándonos de la zona donde un nombre es distinto, y sólo por un ejercicio de la voluntad y de la atención, que aumentaba la acuidad de la mirada interior, atravesamos de pronto la semioscuridad y vemos claro. En todo caso, si hay transiciones entre el olvido y el recuerdo, esas transiciones son inconscientes. Pues los sucesivos nombres por los que pasamos antes de dar con el nombre verdadero son falsos, y en nada nos aproximan a él.

[SG 51]

IX. LA CONSCIENCIA MODERNA: PAPEL DE LA LEY

1. LA CULPABILIDAD

En el amor heterosexual (Primer nivel):

a) Porque lo hace posible

Más incluso que las faltas [de la mujer] mientras la amamos, están sus faltas antes de conocerla, y la primera de todas es su naturaleza. Lo que vuelve doloroso estos amores, en efecto, es que van precedidos de una especie de pecado original de la mujer, un pecado que nos hace amarlas... [LP 141]

Recordaba haber conocido a una primera Albertina, que luego se trocó bruscamente en otra, la actual. Y sólo yo era responsable del cambio. Todo lo que ella me habría confesado fácilmente y de buen grado cuando éramos sólo buenos amigos, dejó de exteriorizarlo en cuanto creyó que la amaba o, sin que a sí misma se dijera el término Amor, adivinó ese sentimiento inquisitorial de saber, que no obstante sufre por saber y trata de saber más. A partir de aquel día, me lo ocultó todo. [...] Había una sola cosa que ya nunca volvería a hacer por mí y que sólo habría hecho cuando me resultaba del todo indiferente, que era precisamente confesar. Me veía reducido para siempre, lo mismo que un juez, a deducir hipotéticas conclusiones de imprudencias lingüísticas que acaso no eran inexplicables sin haber de recurrir a la culpabilidad. Y, por su parte, ella me sentiría siempre celoso y juez. [LP 49-50]

---

b) Porque lo concluye

Me doy cuenta ahora de que durante aquella época [...] padecí el suplicio de vivir habitualmente con una idea tan nueva como la de que Albertina estaba muerta (hasta entonces partía siempre de la idea de que ella estaba viva), una idea que me parecía igualmente imposible de soportar, y que sin darme cuenta configuraba poco a poco el fondo de mi consciencia y sustituía a la idea de que Albertina era inocente: era la idea de su culpabilidad. [...] Debí de sufrir mucho durante aquella época, pero me doy cuenta de que tenía que ser así. Sólo nos curamos de un sufrimiento a condición de sentirlo plenamente. [...] Pues sobre esas ideas de la culpabilidad de Albertina, el hábito, cuando actuara, seguiría las mismas leyes que ya había experimentado a lo largo de mi vida. Lo mismo que el nombre de Guermantes había perdido el significado y el encanto de un camino bordeado de nenúfares y de la vidriera de Gilbert le Mauvais, o la presencia de Albertina el de las ondulaciones azules del mar, o los nombres de Swann, del ascensorista, de la princesa de Guermantes y de tantos otros todo cuanto significaron para mí [...], asimismo la fuerza dolorosa de la culpabilidad de Albertina quedaría exteriorizada por el hábito. Por otra parte, de aquí a entonces, como para un ataque por los flancos, en esta acción del hábito colaborarían dos aliados. Porque esta idea de la culpabilidad de Albertina me parecería cada vez más probable, más habitual, me sería también menos dolorosa. Pero, por otra parte, precisamente por serme menos dolorosa, las objeciones a la certeza de esa culpabilidad que sólo mi deseo de no sufrir demasiado inspiraba a mi inteligencia, se desmoronarían una tras otra; y como una acción precipitaría la otra, pasaría yo así con bastante rapidez de la certeza de la inocencia de Albertina a la certeza de su culpabilidad. [AD 116-117]

En fin, si lo que decía Andrea era cierto, y en principio no lo dudaba, la Albertina real que descubría, después de haber conocido tan diversas apariencias de Albertina, diferiría muy poco de la muchacha orgíaca aparecida e intuida el primer día en el malecón de Balbec y que me había ofrecido sucesivamente tantos aspectos, igual que se modifica la disposición de los edificios hasta aplastar o borrar el monumento principal que divisamos sólo mientras nos aproximamos a una ciudad, pero cuyas verdaderas proporciones resultan ser al final, cuando las conocemos bien y las juzgamos exactamente, aquellas que la perspectiva del primer vistazo había indicado, y todo el resto por donde habíamos pasado tan sólo esa serie sucesiva de líneas de defensa que un ser alza contra nuestra visión y que debemos franquear una tras otra, a costa de un sinfín de sufrimientos, antes de llegar al corazón. Por otra parte, si bien no tuve necesidad de creer absolutamente en la inocencia de Albertina porque mi sufrimiento había disminuido, puedo afirmar que, recíprocamente, si no sufrí demasiado ante esa revelación es porque, de un tiempo a esta parte, mi creencia sobre la inocencia de Albertina se había ido sustituyendo poco a poco y sin que me diera cuenta por la creencia, siempre presente en mí, en la culpabilidad de Albertina. Ahora bien, si ya no creía en la inocencia de Albertina es que no tenía ya necesidad, o ferviente deseo de creer en ella. Es el deseo lo que engendra la creencia, y si normalmente no nos damos cuenta de ello es porque la mayoría de los deseos forjadores de creencia sólo acaban—contrariamente al que me había persuadido de que Albertina era inocente— con nosotros mismos. [AD 188-189]

En las series homosexuales (Segundo nivel): Sodoma y Gomorra. La homosexualidad maldita

[Monsieur de Charlus] pertenecía a esa raza de seres que son menos contradictorios de lo que aparentan, porque su ideal de virilidad obedece justamente a que su temperamento es femenino. [...] Raza sobre la que pesa una maldición y que ha de vivir en la mentira y el perjurio...; que ha de renegar de su Dios...; hijos sin madre...; amigos sin amistades....; amantes a quienes se les cierra prácticamente la posibilidad del amor cuya esperanza les da fuerzas para soportar tantos riesgos y soledades, puesto que se enamoran precisamente de un hombre que nada tiene de mujer, de un hombre que no es un invertido y que, en consecuencia, no puede amarlos... Con un honor precario, una libertad provisional hasta el descubrimiento del crimen, una situación inestable, como en el caso del poeta festejado la víspera en todos los salones, aplaudido después en todos los teatros de Londres, y expulsado al día siguiente de todos los hoteles, sin poder encontrar una almohada en la que reposar su cabeza, da vueltas a la noria como Sansón y dice como él: «Los dos sexos morirán cada uno por su lado...».

[SG 16-17]

En el transexualismo (Tercer nivel): homosexualidad local y no específica (inocencia original, en analogía con la botánica)

Unos, sin duda los que tuvieron una infancia más tímida, apenas se preocupan de la clase de placer material que reciben, con tal de que puedan vincularlo a un rostro masculino. Mientras que otros, seguramente con los sentidos más violentos, asignan a su placer material localizaciones imperiosas. Sus confesiones puede que escandalizaran a la mayoría de la gente. Quizá no vivan tan exclusivamente bajo el satélite de Saturno, pues para ellos las mujeres no están enteramente excluidas, como para los primeros, entre quienes ellas no existirían sin la conversación, la coquetería y los amores platónicos. Mas los segundos buscan a las que se inclinan por las mujeres, pues siempre pueden encontrar en ellas a un mancebo, intensificar el placer que les da verse con él, y hasta sentir con esas mujeres el mismo placer que con un hombre. De aquí que, a quienes aman a los primeros, sólo les suscite celos el placer que aquéllos podrían sentir con un hombre y sea el único que consideren una traición, puesto que no participan del amor a las mujeres y sólo lo han practicado por costumbre, para reservarse la posibilidad del matrimonio, representándose tan poco el placer que pueda procurar, que no soportan que su amado lo disfrute; mientras que los segundos suelen suscitar a menudo celos por sus amores con las mujeres. Pues en estas relaciones, ellos desempeñan para la mujer que ama a las mujeres el papel de otra mujer, y a la vez la mujer les ofrece aproximadamente lo que ellos encuentran en el hombre...

[SG 24]

Al igual que tantas criaturas del reino animal y vegetal, como la planta que produciría la vainilla de no ser porque en ella el órgano masculino queda separado por un tabique del órgano femenino y permanece estéril si los colibríes o ciertas abejas no transportan el polen de unas a otras, o si el hombre no las fecunda artificialmente, monsieur de Charlus (y aquí el término fecundación debe tomarse en sentido moral, ya que en el sentido físico la unión del macho con el macho es estéril, pero no resulta indiferente que un individuo pueda encontrar el único placer de que es capaz y que «como cualquier alma de aquí abajo» pueda dar a alguien «su música, su aliento y su aroma») era de esos hombres que pueden considerarse excepcionales, dado que, por numerosos que sean, la satisfacción tan fácil en otros de sus deseos sexuales depende en él de muchas condiciones y muy difíciles de darse. [...] El odio de los Capuleto y los Montesco no era nada comparado a los impedimentos de todo orden que han debido vencerse y a las eliminaciones especiales que la naturaleza ha infligido en las casualidades ya poco comunes que conducen al amor, antes de que un antiguo sastre que se dirigía diligentemente a su taller titubee deslumbrado ante un cincuentón barrigudo. [...] Las extraordinarias estratagemas que la naturaleza ha ingeniado para obligar a los insectos a asegurar la fecundación de las flores [...] no me parecían más maravillosas que la existencia de la subvariedad de invertidos destinada a asegurar los placeres del amor al hombre maduro... [SG 28-30]

Madame de Vaugoubert era un hombre. Poco importa si había sido siempre así o se había convertido en lo que yo veía, pues en uno y otro caso nos hallamos ante uno de los milagros más impresionantes de la naturaleza y que, sobre todo en el segundo, asimilan el reino humano al reino de las flores. En la primera hipótesis—que la futura madame Vaugoubert hubiera sido siempre tan hombruna—, la naturaleza da a la muchacha, por un ardid diabólico y complaciente, el aspecto engañoso de un hombre. Y el adolescente al que no le gustan las mujeres y desea curarse se alegra ante ese subterfugio de una novia que representa para él un descargador del muelle. En el caso contrario, si la mujer carece al principio de los caracteres masculinos, los adquiere paulatinamente para complacer a su marido, aunque sea inconscientemente, por esa suerte de mimetismo que permite a algunas flores adoptar la apariencia de los insectos que desean atraer. [SG 46-47]

2. LOS CELOS (EL DELIRIO DE LOS SIGNOS)

Despliegue de los mundos contenidos en el ser amado

[...] Albertina no era para mí en modo alguno una obra de arte. Yo sabía lo que significaba admirar a una mujer de manera artística; había conocido a Swann. [...] Nada semejante en mi caso. A decir verdad, incluso cuando empezaba a mirar a Albertina como un ángel musical maravillosamente patinado y al que me congraciaba de poseer, ella no tardaba en resultarme indiferente y en seguida me aburría a su lado; pero estos instantes duraban poco. Sólo amamos aquello en donde perseguimos algo inaccesible, aquello que no poseemos; y acto seguido me daba cuenta de que yo no poseía a Abertina [...] ¡La sedicente curiosidad estética merecería más bien el calificativo de indiferencia frente a la curiosidad dolorosa e insaciable que yo sentía por los lugares donde Albertina había vivido, lo que pudo haber hecho tal o cual velada, las sonrisas y las miradas que dirigió, las palabras pronunciadas, los besos recibidos! No, nunca los celos que un día sentí de Saint-Loup me habrían dado, de haber persistido, esta inmensa inquietud. El amor entre mujeres era algo demasiado incógnito, en el que era imposible imaginar nada con seguridad o con justeza, ni los placeres ni la cualidad. ¡Cuántas personas y cuántos lugares (incluso si no la concernían directamente, vagos lugares de placer donde ella había podido gozarlo, lugares muy frecuentados y con rozamiento) [...] había introducido Albertina en mi corazón desde el umbral de mi imaginación o de mi recuerdo, donde no me importaban! Ahora, mi conocimiento de ellos era interno, inmediato, espasmódico, doloroso. El amor es el espacio y el tiempo vueltos sensibles al corazón. [LP 369-371]

Los celos [de Swann], como si fueran la sombra de su amor, se asociaban a la duplicidad de esa nueva sonrisa que ella le había dirigido aquella misma noche—y que por el contrario ahora lo ridiculizaba, henchida de amor hacia otro hombre—, de esa inclinación de su cabeza vuelta hacia otros labios, y de todas las señales de cariño que antes tuvo hacia él y ahora manifestaba por otro. Y todos los recuerdos voluptuosos que obtenía de ella eran como bocetos o «proyectos» similares a esos que nos consultan los decoradores, y que permitían a

Swann hacerse una idea de las aptitudes ardientes o de abandono que ella podía tener con otros. De modo que llegó a deplorar cada placer que sintió junto a ella, cada nueva caricia cuya exquisitez él había tenido la imprudencia de resaltarle, cada encanto que le descubría, pues sabía que un momento después vendrían a enriquecer con nuevos instrumentos su suplicio. [...]

Sus celos se regocijaban, como si tuvieran una vitalidad independiente, egoísta y voraz, de todo cuanto los alimentaba, aunque fuera a costa suya. Ahora tenían un alimento, y Swann podía preocuparse cada día de las visitas que Odette recibía a las cinco y tratar de saber dónde estaba Forcheville a esa hora. [...] Al principio no estaba celoso de toda la vida de Odette, sino sólo de los momentos en que una circunstancia, tal vez mal interpretada, le había llevado a suponer que Odette le habría engañado. Sus celos, como un pulpo que echa un primer tentáculo, luego un segundo, y aún un tercero, se fijaron sólidamente a ese momento de las cinco de la tarde, después a otro, y a otro más. [CS 271-279]

Revelación del mundo incognoscible

[Odette] hablaba, y él no la interrumpía; recogía sólo con ávida y dolorosa devoción las palabras que ella le decía, sintiendo (precisamente porque tras ellas se la ocultaba al hablarle) que, como la túnica sagrada, guardaban vagamente la huella y dibujaban el indeciso modelado de aquella realidad infinitamente valiosa y por desgracia inasequible—lo que estaba haciendo a las tres, cuando él llegó—, de la cual nunca poseería sino esas mentiras, ilegibles y divinos vestigios, y que ya sólo existía en el recuerdo receloso de aquel ser que la contemplaba pero que no le entregaría. [CS 274]

La realidad nunca es sino el comienzo de un camino desconocido por donde no podemos llegar muy lejos. Vale más no saber nada, pensar lo menos posible, no dar a los celos el menor detalle concreto. Lamentablemente, cuando falta la vida exterior, algunos incidentes vienen ocasionados asimismo por la vida interior; en vez de los paseos de Albertina, las coincidencias que hallaba en mis solitarias reflexiones me proveían a veces de esos pequeños fragmentos de realidad que atraen hacia sí, como un imán, una parte de lo desconocido que, desde ese mismo instante, resulta doloroso. [LP 18]

Descubrimiento de la transexualidad

Ahora, en su lugar—como castigo por haber llevado demasiado lejos una curiosidad que, contrariamente a lo que supuse, la muerte no agotó—, me encontraba con una muchacha diferente [...]. Una Albertina diferente no sólo en el sentido que le damos al término cuando se trata de los demás. Si los demás son diferentes de lo que creíamos, como esa diferencia no nos afecta en profundidad—y el péndulo de la intuición sólo puede proyectar fuera de sí una oscilación en sentido igual a la ejecutada en su interior—situamos esa diferencia en las regiones superficiales de sí mismos. Antes, cuando me enteraba de que a una mujer le gustaban las mujeres, no me parecía por ello una mujer distinta, de una esencia particular. Pero cuando se trata de la mujer amada, procuramos librarnos de nuestro dolor ante la idea de esa posibilidad averiguando no solamente lo que hacía, sino lo que sentía al hacerlo, qué idea se hacía respecto a eso; entonces, descendiendo cada vez más en la profundidad del dolor, alcanzamos el misterio, la esencia. [...] Y el dolor que hizo penetrar así en mí a tanta profundidad la realidad del vicio de Albertina me prestó más tarde un último servicio. Como el daño que hice a mi abuela, el mal que me infligió Albertina fue un último vínculo entre ella y yo, sobreviviendo incluso a su recuerdo, pues con la conservación de energía que posee todo lo físico, el sufrimiento ni siquiera necesita de las lecciones de la memoria: así, un hombre que ha olvidado sus hermosas noches en el bosque a la luz de la luna, sufre aún del reumatismo que cogió allí. [...] Aquellos gustos de Albertina no se añadían solamente a su imagen como se incorpora al caracol el nuevo caparazón que arrastra consigo, sino más bien a la manera en que una sal entra en contacto con otra sal, la cambia de color, e incluso de naturaleza. Cuando la joven lavandera comentara con sus amigas: «Fijáos, quién lo iba a decir, también la señorita es una de ellas», para mí no sólo añadía a la persona de Albertina un vicio para ella insospechado, sino el descubrimiento de que ella era una persona distinta, una persona como ellas, que hablaba su misma lengua, y que, al hacerla compatriota de otras, me resultaba aún más extraña a mí; demostrando que lo que yo tuve de ella, lo que llevaba en mi corazón, era muy poca cosa, y que el resto, cuya extensión se debía no sólo al hecho de ser eso tan misteriosamente importante—un deseo individual—, sino de ser común a otras, siempre me lo ocultó, lo mantuvo al margen, como si una mujer me hubiera ocultado que era de un país enemigo y una espía, actuando ella más traicioneramente aún que una espía, pues ésta sólo engaña sobre su nacionalidad, mientras que Albertina lo hacía sobre su humanidad más profunda, sobre el hecho de que ella no pertenecía a la humanidad común, sino a una raza extranjera que se amalgama, se oculta y no se confunde con ella jamás.

[AD 106-108]

3. LA LÓGICA DE LOS CELOS: SECUESTRO DEL SER AMADO

Vaciarlo de los mundos posibles

[...] Podía muy bien dividir la estancia de Albertina en mi casa en dos períodos: uno primero en que aún era, aunque cada día menos, la tentadora actriz de la playa; y un segundo período en que, convertida en la gris prisionera y reducida a su deslucido ser, necesitaba de aquellos destellos por los que yo recordaba el pasado para restituirle algo de color. [...] La vergüenza, los celos, el recuerdo de los primeros deseos y del entorno deslumbrante devolvía a Albertina su belleza y su valor de antaño. Y así, junto al tedio algo pesaroso que sentía a su lado, alternaba un deseo estremecedor, repleto de imágenes magníficas y de añoranzas, según estuviera ella a mi lado en mi cuarto, o le devolviera yo su libertad en mi memoria, allí en el malecón, con sus alegres atuendos de playa, al son de los instrumentos musicales del mar; Albertina fuera de su medio, retenida y sin gran valor, o Albertina restituida a él, escabuyéndose entre un pasado imposible de conocer e hiriéndome junto a aquella dama, su amiga, tanto como la salpicadura de la ola o el mazazo del sol; Albertina en la playa, o Albertina en mi cuarto, en una especie de amor anfibio. [LP 162-163]

Relacionarlos con el ser amado

Me decía que probablemente allí [en Balbec] Albertina hacía mal uso de su libertad, y sin duda esta idea me resultaba triste pero seguía siendo general, sin revelarme nada de particular, y, por el número indefinido de posibles amantes que me hacía suponer, sin dejarme detener en ninguna, arrastraba mi espíritu en una suerte de movimiento incesante no exento de dolor, pero de un dolor que por ausencia de una imagen concreta era soportable. Mas dejó de serlo y se tornó atroz cuando llegó Saint-Loup. [...] Mi sufrimiento se hizo insoportable al decirme: «Para comenzar por donde te dejó mi último telegrama, después atravesar una especie de hangar, entré en la casa y, al final de un largo pasillo, me hicieron pasar al salón». Ante las palabras de hangar, pasillo, salón, y aun antes de que acabara de pronunciarlas, mi corazón sufrió una sacudida más intensa que la de una descarga eléctrica, pues la fuerza que gira mayor número de veces por segundo alrededor de la tierra no es la electricidad sino el dolor. [...] Ya había sufrido una primera vez cuando se individualizó geográficamente el lugar donde ella estaba, y supe que en vez de estar en dos o tres lugares posibles estaba en Turena; aquellas palabras de su portera marcaron en mi corazón como sobre un mapa el sitio donde finalmente debía de sufrir. [...] Con las palabras de hangar, pasillo, salón, vi la locura de haber dejado a Albertina ocho días en aquel maldito lugar cuya *existencia* (y no su simple posibilidad) acababa de serme revelada.

[AD 52-54]

Interrumpir su mundo desconocido

Pese a no sentirme en absoluto enamorado de Albertina, y sin que figuraran como placeres los momentos que pasábamos juntos, me preocupaba el empleo de su tiempo; lo cierto es que huí de Balbec para asegurarme de que no podría ver así a nadie de aquella gente con la que yo tanto temía que causara alegremente algún perjuicio, incluso a costa mía, y con mi marcha intenté hábilmente cortar de raíz todas sus perversas relaciones.

Albertina era tan sumamente pasiva y tenía tal capacidad de olvido y de sometimiento que esas relaciones quedaron efectivamente interrumpidas, y mi fobia curada. Pero ésta puede adoptar tantas formas como el impreciso mal que la suscita. Tras mis sufrimientos pasados, y mientras mis celos no se reencarnaron en nuevos seres, viví un intervalo de calma. Sin embargo, el menor pretexto sirve para que renazca una enfermedad crónica, como por otra parte la más mínima ocasión puede favorecer que el vicio del ser causante de estos celos se practique de nuevo (después de una tregua de castidad) con seres distintos. Yo había logrado separar a Albertina de sus cómplices y con ello conjurar mis alucinaciones; si bien podía hacer que olvidara a las personas y limitara sus relaciones, su inclinación al placer era igualmente crónica, y quizá no esperaba más que la ocasión para darle curso. Por eso, París le ofrecía lo mismo que Balbec. [...] Así, bastaba que Albertina volviera más tarde de lo habitual, que su paseo se prolongara más tiempo de lo normal, aunque resultara fácilmente explicable sin necesidad de que interviniera ninguna motivación sensual, para que mi mal renaciera, ligado esta vez a imágenes que no eran de Balbec, y tratara de destruir lo mismo que las veces anteriores, como si la destrucción de una causa efímera implicara la de un mal congénito. No me daba cuenta de que, en estas destrucciones que tenían por cómplice la capacidad de Albertina para cambiar, olvidar, casi para odiar el reciente objeto de su amor, yo causaba a veces un profundo dolor a alguna de aquellas personas desconocidas con las que había gozado sucesivamente, y de que lo causaba en vano, pues serían abandonados pero sustituidos, y que, paralelamente al camino jalonado por tantos abandonos provocados a la ligera, proseguiría para mí otro implacable, apenas interrumpido por breves pausas; de modo que, bien pensado, mi sufrimiento sólo podía acabar con Albertina o conmigo. [LP 15-16]

Descubrir la falta original

Para comprender el arraigo en mí de aquellas palabras [la carta de Amado], debe recordarse que las cuestiones que yo me planteaba relativas a Albertina no eran cuestiones accesorias, indiferentes, cuestiones de detalle, las únicas en realidad que nos planteamos en relación a todos los seres que no somos nosotros y que nos permiten caminar, provistos de un pensamiento impermeable, en medio del sufrimiento, de la mentira, del vicio y de la muerte. No, en relación a Albertina era una cuestión de esencia: ¿Qué era en el fondo? ¿Qué pensaba? ¿A quién amaba? ¿Me mentía? ¿Había sido mi vida con ella tan lamentable como la de Swann con Odette? Por su parte, la respuesta de Amado, aun cuando no fuera una respuesta general sino particular—y precisamente por esa razón—llegaba al fondo de Albertina y de mí mismo.

Con la llegada de Albertina a la ducha por la callejuela, junto a la dama de gris, veía al fin ante mí un fragmento de aquel pasado que no me parecía menos misterioso ni menos terrible de lo que suponía cuando lo imaginaba contenido en el recuerdo, en la mirada de

Albertina. [...] Aquellas imágenes me causaron de inmediato un dolor físico del que ya no se separarían jamás, porque me traían la terrible noticia de la culpabilidad de Albertina. Pero el dolor entró en seguida en reacción con ellas; un hecho objetivo, como puede ser una imagen, es diferente según el estado interior con que se aborda. Y el dolor es un modificador de la realidad tan poderoso como el éxtasis. Combinado con aquellas imágenes, el sufrimiento convirtió en algo completamente diferente de lo que puede ser para cualquier otra persona una dama de gris, una propina, una ducha o la calle donde ocurría la llegada deliberada de Albertina con la dama de gris. Todas estas imágenes —de una vida de mentiras y de faltas que nunca supuse—tenían alterada su materia misma por mi sufrimiento; no las veía bajo la luz que ilumina los espectáculos de la tierra, eran el fragmento de otro mundo, de un planeta desconocido y maldito, una visión del infierno. El infierno era todo aquel Balbec y los lugares vecinos de donde, según la carta de Amado, hacía venir a menudo a muchachas más jóvenes y las llevaba a la ducha. [...] Una facultad de los celos es descubrirnos hasta qué punto la realidad de los hechos exteriores y los sentimientos del alma son algo desconocido, dado a mil suposiciones. Creemos saber exactamente las cosas, y lo que piensa la gente, por la sencilla razón de que no nos preocupa. Pero en cuanto sentimos el deseo de saber, como siente el celoso, entonces todo es un vertiginoso caleidoscopio donde ya no distinguimos nada.

[AD 97-100]

4. LA LEY DEL AMOR

a) Secuestro

El amor de monsieur de Charlus por Morel adquiría una sutil novedad cuando se decía: [su mujer] será tan mía como lo es él, no harán nada que pueda molestarme, se someterán a mis caprichos, y así ella será un signo (que hasta ahora yo desconocía) de lo que ya casi había olvidado y que resulta tan sensible a mi corazón: que para todo el mundo, para quienes me vean protegerlos, acogerlos, para mí mismo, Morel es mío. Monsieur de Charlus se sentía más dichoso por esta evidencia a ojos de los demás y a los suyos propios que por todo el resto. Pues la posesión del objeto de nuestro amor constituye una alegría mayor aún que el amor mismo. A menudo, quienes ocultan a todos esta posesión lo hacen sólo por temor a verse privados del objeto querido. Y por la prudencia de callarse, su felicidad resulta mermada. [LP 44]

[...] Mi placer de tener a Albertina en casa consistía, mucho más que en un placer positivo, en el hecho de retirar del mundo a la muchacha que todos podían disfrutar; un placer que si bien no me procuraba una gran alegría, privaba no obstante de ella a los demás. La ambición y la gloria me habrían dejado indiferente; aún era menos capaz de sentir odio. Y, en cambio, en mí amar carnalmente equivalía a gozar de un triunfo sobre

un buen número de competidores. Nunca insistiré bastante en que se trataba fundamentalmente de un apaciguamiento.
[LP 69]

---

b) Voyeurismo

A veces [...] me encontraba a Albertina dormida y no la despertaba. Tendida cuan larga era, en una actitud tan natural que no podría improvisarse, me parecía un largo tallo que alguien dejara allí; y en realidad así era, porque aquel poder de soñar que yo tenía sólo en su ausencia, lo recuperaba en esos momentos junto a ella, como si al dormir se hubiera transformado en una planta. De este modo, su sueño realizaba en parte la posibilidad del amor. Si estaba solo, podía pensar en ella, pero la echaba de menos, no la poseía; si estaba presente, hablaba con ella, pero permanecía demasiado ausente de mí mismo para poder pensar. Cuando ella dormía, no tenía que hablar, sabía que ella no me observaba, no necesitaba vivir en la superficie de mí mismo. Con los ojos cerrados y sin consciencia, Albertina se había despojado, uno tras otro, de aquellos rasgos de humanidad que me decepcionaron en cuanto la conocí. Sólo la animaba la vida inconsciente de los vegetales, de los árboles, vida muy diferente de la mía, muy ajena, y que no obstante era más mía. Su yo no se escurría ya continuamente, como cuando hablábamos, por las oquedades del pensamiento inconfesado o de la mirada. Había retornado a sí lo que se mantenía fuera de ella, estaba refugiada, encerrada, resumida en su cuerpo. [...] Una vez dormía profundamente, dejaba de ser únicamente la planta que había sido; su sueño, a cuya orilla soñaba yo con una fresca voluptuosidad de la que nunca me habría cansado y que podría disfrutar indefinidamente, era para mí todo un paisaje. Ponía junto a mí algo tan sereno y tan deliciosamente sensual como aquellas noches de luna llena en la bahía de Balbec, plácida entonces como un lago, donde las ramas apenas se mueven y, tendido sobre la arena, uno escucharía indefinidamente el reflujo de las olas. [...] Entonces, sintiendo que estaba plenamente dormida y que yo no tropezaría con escollos de consciencia, recubiertos ahora por la pleamar del sueño profundo, me metía en la cama sigilosamente, junto a ella, pasaba uno de mis brazos por su cintura, posaba mis labios en su mejilla, en su corazón, y luego mi única mano libre por todas las partes de su cuerpo [...] Otras veces, [el sueño de Albertina] me hacía disfrutar de un placer menos puro. No necesitaba para ello de ningún movimiento; sólo extendía mi pierna contra la suya, como la rama que uno deja suspendida y le imprime de vez en cuando una leve oscilación, semejante al intermitente batir del ala de los pájaros que duermen en el aire. [...] Su respiración, al hacerse más fuerte, podía sugerir el jadeo del placer, y cuando el mío llegaba a su fin, podía besarla sin haber interrumpido su sueño. En esos momentos, me parecía que acababa de poseerla completamente, como a un objeto inconsciente y dócil de la muda naturaleza. [LP 62-65]

Al ver aquel cuerpo tendido allí, me preguntaba qué tabla de logaritmos lo constituía para que todas las acciones en las que había podido involucrarse, desde un movimiento del codo hasta un roce del vestido, pudieran ocasionarme, desplegadas al infinito por todos los puntos que ocupaba en el espacio y en el tiempo y reavivados ocasional y repentinamente en mi recuerdo, una angustia tan dolorosa y que sabía, no obstante, determinada por unos gestos y deseos de ella que me habrían resultado en otra, en ella misma cinco años atrás, o cinco años después, tan indiferentes. Era un engaño, pero al que yo no tenía el valor de buscar otra solución que mi muerte.   [LP 346]

c) Profanación

Cuando pienso ahora que, a mi regreso de Balbec, mi amiga vino a vivir a París bajo mi mismo techo, que renunció a la idea de hacer un crucero, que su habitación estaba a veinte pasos de la mía, al final del pasillo, en el despacho con tapices de mi padre, y que cada noche antes de dejarme, muy tarde, deslizaba su lengua en mi boca como un pan cotidiano, como un alimento nutritivo y con el carácter casi sagrado de cualquier carne a la que los sufrimientos que hemos padecido por su causa han acabado por conferirle una especie de dulzura moral, lo que evoco de inmediato por comparación no es aquella noche que el capitán de Borodino me permitió pasar en el cuartel, por un favor que no curaba en suma sino un malestar pasajero, sino aquella otra en que mi padre mandó a mamá a dormir en la pequeña cama junto a la mía. Hasta ese punto la vida, si ha de librarnos una vez más de un sufrimiento que parecía inevitable, lo hace en condiciones diferentes y a veces tan opuestas que es casi un sacrilegio aparente constatar la identidad de la gracia concedida. [LP 4]

Probablemente de una impresión que sentí cerca de Montjouvain unos años más tarde, impresión entonces confusa, proceda la idea que me he formado del sadismo. [...] En los hábitos de mademoiselle Vinteuil la apariencia del mal era tan completa que difícilmente podría encontrarse realizada hasta ese grado de perfección como no fuera en una sádica; sólo a la luz de las candilejas de los teatros del bulevar, mucho más que bajo la lámpara de una casa de campo real, es posible ver a una hija haciendo escupir a su amiga sobre el retrato de un padre que no ha vivido más que por ella; solamente el sadismo da un fundamento en la vida a la estética del melodrama. En la vida real, salvo en los casos de sadismo, una hija cometería tal vez faltas tan atroces como las de mademoiselle Vinteuil hacia la memoria y la voluntad de su difunto padre, pero no las resumiría expresamente en un acto de un simbolismo tan rudimentario e ingenuo; el carácter perverso de su conducta quedaría más velado a ojos de los demás e incluso a sus propios ojos, que sería mala sin confesárselo. Pero, más allá de la apariencia, en el corazón de mademoiselle Vinteuil, el mal, por lo menos al principio, no se daba en estado puro. Una sádica como ella es la artista del mal, algo que una criatura completamente malvada no podría ser pues el mal no le resultaría exterior, sino que le parecería totalmente natural, ni siquiera se diferenciaría de ella; y como ella no cultivaría la virtud ni la memoria de los muertos o la ternura filial, tampoco hallaría un placer sacrílego en profanarlos. Los sádicos de la clase de mademoiselle Vinteuil son seres tan genuinamente sentimentales, tan espontáneamente virtuosos, que incluso el placer sensual les parece algo perverso, un privilegio de los pecadores. Y cuando se permiten a sí mismos entregarse por un instante a él, tratan de ponerse en el pellejo de los malvados e involucrar también a su cómplice, de manera que tengan por un momento la ilusión de evadirse de su alma escrupulosa y tierna hacia el mundo inhumano del placer. [...] No es el mal que acompañaba a la idea de placer lo que le parecía agradable, sino el placer lo que creía malo. Y como cada vez que se entregaba a él se acompañaba para ella de esos malos pensamientos que el resto del tiempo permanecían ausentes de su alma virtuosa, acababa por ver en el placer algo diabólico y lo identificaba con el Mal. [...] Quizá nunca habría imaginado el mal como un estado tan raro, tan extraordinario y desenraizante, a donde era tan grato emigrar, si hubiera sabido distinguir en ella, como en todo el mundo, esa indiferencia hacia los sufrimientos que ocasionamos y que, al margen de cómo lo designemos, es la forma terrible y permanente de la crueldad. [CS 157-163]

Me entristecía pensar que mi amor, al que tanto me aferré, quedaría en mi libro tan desprendido de un ser determinado que lectores diversos lo aplicarían exactamente a lo que ellos sintieron por otras mujeres. Pero ¿debía escandalizarme por esta infidelidad póstuma, y que uno u otro pudiera convertir en objeto de mis sentimientos a mujeres desconocidas, cuando esta infidelidad, esta división del amor entre varios seres, había comenzado estando yo vivo, e incluso antes de que yo escribiese? Bien había yo sufrido sucesivamente por Gilberta, por madame de Guermantes, por Albertina. Sucesivamente también las había olvidado, y sólo mi amor dedicado a seres diferentes fue duradero. La profanación de uno de mis recuerdos por lectores desconocidos la había consumado yo mismo antes que ellos. [...] Un libro es, en efecto, un gran cementerio donde sobre la mayoría de las tumbas no pueden leerse ya los nombres borrados. [TR 209-210]

El destino de la ley:

a) Amar sin ser amado

Habría que optar entre dejar de sufrir o dejar de amar. Pues el amor, que al principio está formado de deseo, más tarde sólo se mantiene por la ansiedad dolorosa. Yo sentía que una parte de la vida de Albertina se me escapaba. El amor, tanto en la dolorosa ansiedad como en el gozoso deseo, es la exigencia de un todo. No nace ni subsiste como no haya una parte por conquistar. Sólo amamos aquello que no poseemos por completo. [LP 98]

[...] La búsqueda de la felicidad en la satisfacción del deseo moral era algo tan ingenuo como la empresa de alcanzar el horizonte avanzando hacia él. Cuanto más avanza el deseo, más se aleja la auténtica posesión. De modo que si la felicidad, o al menos la ausencia de sufrimientos, puede hallarse, no debe buscarse en la satisfacción sino en la reducción progresiva, en la extinción final del deseo. Tratamos de ver el objeto amado, pero deberíamos procurar no verlo, pues sólo por el olvido se llega a la extinción del deseo. [...] Los vínculos entre un ser y nosotros existen sólo en nuestro pensamiento. Al debilitarse la memoria, se relajan, y pese a la ilusión con que querríamos engañarnos y, por amor, por amistad, por cortesía, por respeto humano, por deber, engañar al mismo tiempo a los demás, existimos solos. El hombre es el ser que no puede salir de sí, que no conoce a los demás sino en sí mismo, y si dice lo contrario miente. [...] Uno cree que en función de su deseo cambiará las cosas de su entorno; lo cree porque, fuera de esto, no ve ninguna otra solución. No piensa en la que sucede normalmente y que es igualmente favorable: no conseguimos cambiar las cosas según nuestro deseo, pero poco a poco nuestro deseo cambia. [AD 33-35]

b) Dejar de amar

Así pues, mi vida cambió por completo. Lo que le había dado dulzura, no a causa de Albertina, sino paralelamente a ella, mientras estaba solo, era precisamente el perpetuo renacimiento de momentos pasados ante momentos idénticos. El ruido de la lluvia me traía el olor de las lilas de Combray; la movilidad del sol en el balcón, las palomas de los Campos Elíseos; los ruidos ensordecedores en el calor matutino, el frescor de las cerezas; el deseo de Bretaña o de Venecia, por el rumor del viento y el retorno de Pascua. [...] Mas ahora al primer frescor del alba me estremecía, pues recordaba la dulzura de aquel verano en que tantas veces nos habíamos acompañado el uno al otro de Balbec a Incarville, o de Incarville a Balbec, hasta el amanecer. No me quedaba sino una sola esperanza para el futuro, esperanza mucho más desgarradora que un temor: olvidar a Albertina. Sabía que un día la olvidaría, bien había olvidado a Gilberta y a madame de Guermantes, como había olvidado completamente a mi abuela. Y nuestro más justo y cruel castigo por ese olvido tan total, apacible como el de los cementerios, que nos separa de quienes ya no amamos, es que entreveamos ese mismo olvido como inevitable en relación a quienes más amamos. A decir verdad, sabemos que es un estado no doloroso, un estado de indiferencia.   [AD 62-64]

Ese nuevo ser que soportaría con facilidad vivir sin Albertina había hecho su aparición en mí, ya que pude hablar de ella en casa de madame de Guermantes con palabras afligidas pero sin sufrimiento profundo. [...] Con el olvido, ese ser tan temido, y beneficioso, que no era otro que uno de esos yoes de recambio que el destino nos reserva y que, sin oír nuestras súplicas más que un médico clarividente y, por tanto, autoritario, sustituye a pesar nuestro, con una intervención oportuna, al yo realmente demasiado maltrecho, me traía por el contrario una supresión casi completa del sufrimiento. Por lo demás, este recambio ocurre de vez en cuando, como la erosión y la reparación de los tejidos, pero sólo nos damos cuenta cuando el antiguo soportaba un gran pesar, un cuerpo extraño e hiriente, que nos asombra no volver a encontrar, maravillados de habernos transformado en otro, alguien para quien el sufrimiento de su predecesor no es ya sino un sufrimiento ajeno, del que puede hablar con compasión porque ya no lo siente. [...] Nuestro afecto por los demás se debilita no porque ellos hayan muerto, sino porque morimos nosotros. [AD 174-175]

5. EL TELESCOPIO (INSTRUMENTO DE «LA RECHERCHE»)

Las diferencias son infinitesimales

[...] Nuestro conocimiento de los rostros no es matemático. No comienza por medir las partes, sino que su punto de partida es una expresión, un conjunto. En Andrea, por ejemplo, la delicadeza de los dulces ojos parecía ir a reunirse con la fina nariz, tan exigua como una simple curva trazada para que pudiera seguir por una única línea la intención de delicadeza dividida previamente en la doble sonrisa de las miradas gemelas. Una línea igual de fina cruzaba por sus cabellos, liviana y profunda como aquella del viento cuando surca la arena. Y debía de ser hereditaria, pues el cabello completamente blanco de la madre de Andrea se ondulaba del mismo modo, formando aquí una prominencia, allá una depresión, como la nieve que se eleva o se hunde con arreglo a los desniveles del terreno. Comparada a la fina delineación de la nariz de Andrea, la de Rosamunda parecía ofrecer extensas superficies, cual alta torre asentada sobre una firme base. Aunque la expresión baste para sugerir enormes diferencias entre aquello que separa algo infinitamente pequeño, y que algo infinitamente pequeño pueda crear por sí solo una expresión absolutamente particular, una individualidad, no era lo infinitamente pequeño de la línea ni la originalidad de la expresión lo que hacía que esos rostros parecieran irreductibles unos a otros. Entre aquellos de mis amigas, la coloración abría una separación más profunda aún, no tanto por la variada belleza de las tonalidades que les daba, como porque las diferencias infinitamente pequeñas de las líneas se agrandaban desmesuradamente y las proporciones entre las superficies cambiaban por completo debido a ese nuevo elemento del color, que además de dispensar tonalidades es un gran generador o al menos modificador de dimensiones. [...] Por eso, cuando captamos los rostros los medimos con exactitud, pero como pintores, no como agrimensores. [JF 505-506]

Las distancias son astronómicas

Ahora individualizadas, la réplica que no obstante se daban unas a otras con las miradas, animadas de suficiencia y de espíritu de camaradería, en las que se iluminaba de cuando en cuando una chispa de interés o de insolente indiferencia, según se tratase de sus amigas o de los paseantes, esa consciencia además de conocerse entre ellas con bastante intimidad para pasearse siempre juntas, formando «grupo aparte», establecía entre sus cuerpos independientes y separados, mientras avanzaban lentamente, un lazo invisible pero armonioso, como una misma sombra cálida o una misma atmósfera, y hacía de ellos un todo tan homogéneo en sus partes que se diferenciaba de la multitud entre la que pasaba calmosamente su cortejo.

Por un momento, cuando pasaba [yo] junto a la morena de gruesos carrillos que iba empujando una bicicleta, me crucé con sus ojos oblicuos y risueños, salidos del fondo de aquel mundo inhumano que contenía la vida de la pequeña tribu, inaccesible tierra incógnita donde la idea de lo que yo era no podía llegar ni tener cabida. Distraída por lo que decían sus compañeras, ¿me habría visto esta muchacha tocada con un casquete que le cubría media frente, cuando el negro rayo emanado de sus ojos fue a dar conmigo? Y si me vio,

¿qué le habría parecido? ¿Desde qué universo me divisaba? Me habría sido tan difícil decirlo, como erróneo concluir, de ciertas partículas que distinguimos en un astro vecino gracias al telescopio, que lo habitan seres humanos... [JF 359-360]

Pronto tuve ocasión de enseñar algunas pruebas [de mi obra]. Nadie entendió nada. Incluso quienes se mostraron favorables a mi percepción de las verdades que yo quería luego grabar en el templo, me felicitaron por haberlas descubierto con el «microscopio», cuando por el contrario yo me había servido de un telescopio para ver cosas en apariencia muy pequeñas, que estaban situadas a gran distancia, pues cada una de ellas era un mundo. Allí donde yo buscaba las grandes leyes, me calificaban de desvelador de detalles. [TR 346]

X. LA OBRA DE ARTE MODERNA

1. CONCEPCIÓN DE «LA RECHERCHE»

La obra como instrumento

[...] Yo pensaba en mi libro con más modestia, y también sería inexacto decir que pensaba en quienes lo leyeran, en mis lectores. Pues, a mi parecer, no serían mis lectores, sino los propios lectores de sí mismos, al no ser mi libro sino una suerte de cristales de aumento, como los que ofrecía a un cliente el óptico de Combray, que les brindaba el medio de leer en sí mismos. De manera que no les pediría que me alabaran o me denigraran, sino sólo que me dijeran si efectivamente se ajusta, si las palabras que leen en sí mismos son las que yo he escrito (así, las posibles divergencias, por otra parte, no siempre provendrían de que yo me hubiera equivocado, sino a veces de que mi libro no convendría a los ojos del lector para leer bien en sí mismo). [...] El autor no debe ofenderse, sino por el contrario dejar la mayor libertad al lector, diciéndole: «Pruebe usted mismo si ve mejor con este cristal, o con este otro».   [TR 338-318]

Una máquina esencialmente productiva (de ciertas verdades)

En relación al libro interior de signos desconocidos [...], para cuya lectura nadie podía darme regla alguna, esta lectura consistía en un acto de creación en el que nadie puede sustituirnos ni tampoco colaborar con nosotros. Por eso, ¡cuántos renuncian a escribirlo! ¡Cuántas tareas se asumen para evitarlo! Cada acontecimiento, ya fuera el caso Dreyfus, ya la guerra, sirvió de pretexto a los escritores para no descifrar ese libro; preocupados por asegurar el triunfo del derecho y rehacer la unidad moral de la nación, no tenían tiempo de pensar en la literatura. Pero eso no eran más que excusas, porque o no tenían, o habían dejado de tener talento, es decir instinto. Pues el instinto dicta el deber y la inteligencia proporciona los pretextos para eludirlo. Sólo que en el arte no figuran las excusas, pues las intenciones no cuentan; el artista debe escuchar a su instinto en todo momento; eso hace que el arte sea lo más real que hay, la escuela más austera de la vida y el verdadero Juicio Final. [TR 186-187]

Lo producido no es sólo interpretación. Relación entre impresión, recuerdo, creación: «el equivalente espiritual»

La decepción que causan al principio las obras maestras puede atribuirse, efectivamente, a un debilitamiento de la impresión inicial, o al esfuerzo requerido para dilucidar la verdad. Dos hipótesis que se plantean en todas las cuestiones importantes, aquellas de la realidad del Arte, de la Realidad misma, de la Eternidad del alma, y que debe elegirse entre ellas; en la música de Vinteuil, esta elección se planteaba a cada momento bajo distintas formas. Por ejemplo, su música me parecía algo más auténtico que todos los libros conocidos. A veces pensaba que se debía al hecho de que, como lo que sentimos en la vida no es en forma de ideas, su traducción literaria, es decir intelectual, da cuenta de ello, lo explica, lo analiza, pero no lo recompone como la música, donde los sonidos parecen adoptar la inflexión del ser y reproducir esa punta interior y extrema de las sensaciones que nos da una embriaguez específica [...] Cuando me entregaba a la hipótesis de que el arte era real, me parecía que la música podía dar incluso más que la simple excitación alegre de un tiempo agradable o de una noche de opio, una embriaguez más real, más fecunda, al menos así lo presentía yo. Pero no es posible que a una escultura o a una música cuya emoción se siente más elevada, más pura y más verdadera no corresponda una cierta realidad espiritual, o la vida carecería de sentido. Así, nada se parecía tanto como una hermosa frase de Vinteuil a ese placer particular que yo había sentido a veces en mi vida, por ejemplo frente a los campanarios de Martinville, ante algunos árboles de un camino de Balbec, o más sencillamente, en el comienzo de esta obra, al hecho de beber una cierta taza de té. Como esta taza de té, las sensaciones de luz, o los claros rumores, los resplandecientes colores que Vinteuil nos enviaba del mundo donde componía paseaban por mi imaginación, con insistencia pero demasiado rápidamente para que pudiera aprehenderlo, algo comparable a la sedosa fragancia de un geranio. Sólo que, mientras en el recuerdo esa cosa vaga puede, si no profundizarse, cuando menos precisarse por su referencia a unas circunstancias que explican por qué un determinado sabor ha podido recordarnos sensaciones luminosas, las vagas sensaciones dadas por Vinteuil, al provenir no de un recuerdo, sino de una impresión (como aquella de los campanarios de Martinville), habrían requerido no una explicación material de la fragancia de geranio de su música, sino el equivalente profundo, aquel festejo desconocido y coloreado (de la que sus obras parecían los fragmentos dispersos, los pedazos con grietas escarlatas) según el cual «oía» y proyectaba fuera de sí el universo. Quizá en esta cualidad desconocida de un mundo exclusivo, que ningún otro músico antes nos había hecho ver, consistía—le decía yo a Albertina—la prueba más auténtica del genio, mucho más que en el contenido de la propia obra. —«¿También en la literatura?», me preguntó ella. —«Incluso en la literatura». [...] Pero mientras ella me hablaba, como yo pensaba en Vinteuil, se presentaba a mí la otra hipótesis, la hipótesis materialista del vacío. Empezaba a dudar; me decía que después de todo cabía la posibilidad de que, si bien las frases de Vinteuil parecían la expresión de ciertos estados del alma— análogos al que yo sentí al probar la magdalena mojada en la taza de té—, nada me garantizaba que la vaguedad de tales estados fuera una prueba de su profundidad, sino solamente de que no hemos acertado aún a analizarlos, y de que, por tanto, no habría en ellos nada más real que en los demás. Sin embargo, esa felicidad, ese sentimiento de certeza en la felicidad, mientras me bebía la taza de té, de que respiraba en los Campos Elíseos el aroma del añoso bosque, no era una ilusión. Sea como sea, el espíritu de duda me decía que, aun si esos estados son en la vida más profundos que otros y precisamente por eso inanalizables, porque intervienen demasiadas fuerzas aún ignoradas por nosotros, el interés de algunas frases de Vinteuil hace pensar en ellos porque es inanalizable también, pero eso no prueba que tengan la misma profundidad.

[LP 361-367]

2. LA PRODUCCIÓN DE LA VERDAD (BUSCADA)

Primer orden: reminiscencias y esencias singulares
(por los signos naturales y artísticos)

Una hora no es una hora, es un recipiente repleto de aromas, sonidos, proyectos y climas. Lo que consideramos la realidad es una determinada relación entre las sensaciones y los recuerdos que nos rodean simultáneamente—relación que suprime una simple visión cinematográfica, la cual se aleja por esa razón tanto más de lo verdadero a medida que pretende limitarse a ello—, relación única que el escritor ha de recuperar para encadenar definitivamente a ella en su frase los dos términos diferentes. [...] ¿Acaso no me puso la naturaleza, desde este punto de vista, en la vía del arte, no fue ella misma un comienzo de arte, pues sólo me permitió conocer, a veces mucho tiempo después, la belleza de una cosa en otra: el mediodía de Combray en el estruendo de sus campanarios, las mañanas de Doncières en las sacudidas de nuestro calentador de agua? La relación puede parecer poco interesante, los objetos mediocres, el estilo malo, pero mientras no haya habido esto, no hay nada. [TR 196]

Segundo orden: leyes generales y objetos parciales
(por los signos mundanos, amorosos, y el sueño)

Albertina me había parecido un obstáculo interpuesto entre mi persona y todas las cosas, porque ella era para mí su continente y de ella, como de un vaso, podía tomarlas. Ahora que ese vaso se había roto, no me sentía ya con fuerzas para tomarlas; abatido, no había ni una sola que no evitase, prefiriendo no disfrutarla. De manera que mi separación de ella no me abría en modo alguno el campo de los placeres posibles que creí cerrado por su presencia. [...] Unida como estaba a todas las estaciones, debería olvidarlas todas para perder el recuerdo de Albertina, sin perjuicio de volver a reconocerlas, como un anciano aquejado de hemiplejía que aprende de nuevo a leer; habría de renunciar a todo el universo. Me decía que sólo una verdadera muerte de mí mismo (pero no es posible) podría consolarme de la suya. No creía que la propia muerte fuera imposible, ni extraordinaria; se consuma a pesar nuestro, contra nuestra voluntad si es necesario, cada día, y sufriría la repetición de todas aquellas jornadas que no solamente la naturaleza, sino circunstancias más artificiales y un orden más convencional introducen en una estación. [...] Al recuerdo de las horas aun puramente naturales, se añadiría forzosamente el paisaje moral que hace de él algo único [...]. Así, aquellos años que el recuerdo de Albertina volvía tan dolorosos, no sólo imponían los colores sucesivos, las modalidades diferentes, el residuo de sus estaciones o de sus horas, de los atardeceres de junio en las noches de invierno, de los claros de luna sobre el mar cuando, al amanecer, volvíamos a casa, de la nieve de París sobre las hojas muertas de Saint-Cloud, sino también de la idea particular que me formaba sucesivamente de Albertina, del aspecto físico con que me la imaginaba en aquellos momentos, de la frecuencia con que la veía en aquella temporada, y en la que aparecía más dispersa o más compacta, de la ansiedad que ella pudo provocarme por la espera, del deseo experimentado en un determinado momento por ella, de las esperanzas concebidas y luego perdidas; todo ello modificaba el carácter de mi tristeza retrospectiva tanto como las impresiones de luz o de aromas asociadas a ella, y completaba cada uno de los años solares que yo había vivido y que solamente por sus primaveras, sus otoños, sus inviernos me resultaban ahora tan tristes a causa del inseparable recuerdo de ella, reforzándola de una suerte de año sentimental en el que las horas no se definían por la posición del sol sino por la espera de una cita [...]. ¿Acaso el estado cambiante de mi atmósfera moral y la presión modificada de mis creencias no disminuyeron cierto día la visibilidad de mi propio amor, y no lo extendieron otro indefinidamente; no lo embellecieron un día hasta la sonrisa y lo constriñeron otro hasta la tormenta? No somos sino por lo que poseemos, y sólo se posee lo que nos es realmente presente, ¡y son tantos los recuerdos, los estados de ánimo, las ideas que parten lejos de nosotros, perdiéndose de vista! Entonces no podemos ya incluirlos en el total que compone nuestro ser. Sin embargo, disponen de caminos secretos para retornar a nosotros. [...] Así, cada una de las Albertinas estaba vinculada a un momento, en cuya fecha me veía de nuevo instalado cuando volvía a considerarla. Y esos momentos del pasado no son inmóviles; conservan en nuestra memoria el movimiento que los precipitaba hacia el futuro—hacia un futuro convertido a su vez en pasado—, arrastrándonos hacia él también a nosotros mismos. [...] Parecía que hubiera de elegir entre dos hechos, decidir cuál era el verdadero, de tan contradictoria que era la muerte de Albertina—venida a mí desde una realidad que yo no conocí, su vida en Turena—con todos mis pensamientos acerca de ella, mis deseos, mis pesares, mi ternura, mi rabia, mis celos. Esa riqueza de recuerdos obtenidos del repertorio de su vida, la profusión de sentimientos que evocaba e implicaba su vida, hacía increíble que Albertina hubiese muerto. Profusión de sentimientos porque, como mi memoria conservaba mi cariño, le dejaba toda su variedad. Y no sólo Albertina, sino hasta yo mismo era como una sucesión de momentos. [...] No un solo hombre, sino el desfile de un ejército variado compuesto, según el momento de apasionados, indiferentes, celosos, ninguno de los cuales estaba celoso de la misma mujer. Sin duda, de ahí vendría un día la curación, que yo no deseaba. En una multitud, cada elemento puede sustituirse por otro, que a su vez otros elementos eliminan o refuerzan sin que se note, si bien al final se ha realizado un cambio imposible de concebir si fuéramos uno. [...] Una mujer que ya no podía sentir placer con otras no debería suscitarme celos, en el caso de que solamente se hubiera materializado mi cariño. Pero eso era imposible, dado que éste sólo podía encontrar su objeto, Albertina, en los recuerdos donde ella seguía viva. Pues al pensar en ella la resucitaba, sus traiciones nunca podían ser las de una muerta, al hacerse actual el instante en que las había cometido no solamente en relación a Albertina, sino a aquel de mis «yoes» que súbitamente evocado la contemplaba. [...] Y ahora lo que aparecía ante mí como un doble del futuro [...] no era ya el futuro de Albertina sino su pasado. ¿Su pasado? No es exacto, porque para los celos no hay ni pasado ni futuro, lo que imaginan es siempre presente.

Los cambios de atmósfera provocan otros en el interior del hombre, despiertan yoes olvidados, contrarían el adormecimiento del hábito, insuflan nuevas fuerzas a esos recuerdos y sufrimientos [...]; como les ocurre a los amputados, el menor cambio de tiempo renovaba mis dolores en el miembro que ya no existía.

[AD 65-73]

El hombre es un ser sin edad fija, un ser que tiene la facultad de tornarse en unos segundos muchos años más joven, y que rodeado por los muros del tiempo en que ha vivido, flota en él, pero como en un estanque cuyo nivel cambia constantemente y lo sitúa tanto al alcance de una época como de otra. [AD 193]

Si la figura de una mujer es difícilmente abarcable por los ojos, que no pueden aplicarse a toda esa superficie movediza, o por los labios, menos lo es por la memoria, y si algunas brumas la modifican según su posición social o la altura a la que nos situamos, ¡cuánto más opaco aún es el velo corrido entre las acciones que vemos de ella y sus móviles! Los móviles yacen en un plano más profundo, que no percibimos, y engendran otras acciones además de las que conocemos, a menudo en absoluta contradicción con ellas. [AD 197]

En cuanto a las verdades que la inteligencia—aun la de los espíritus más elevados—recoge a plena luz, ante ella, pueden ser de un valor inmenso; pero son de contornos más duros, y planas, carecen de profundidad, porque, al no haber sido recreadas, no ha habido que atravesar profundidades para llegar a ellas. [...] Aun así, notaba que esas verdades que la inteligencia deduce directamente de la realidad no son del todo desdeñables, pues podrían fijar con una materia menos pura pero aún penetrada de espíritu aquellas impresiones que nos trae fuera del tiempo la esencia común a las sensaciones del pasado y del presente, pero que, más valiosas, son también demasiado raras para que la obra de arte pueda componerse exclusivamente de ellas. Sentía aglomerarse en mí una multitud de verdades relativas a las pasiones, los caracteres, las costumbres adecuadas para eso. Su percepción me causaba alegría; pero creía recordar que más de una la descubrí en el sufrimiento, y otras en placeres muy mediocres. [TR 205]

Mientras Swann dormía, de imágenes incompletas y mudables extraía deducciones falsas, disponiendo momentáneamente de un poder creador tal que podía reproducirse por simple división, como algunos organismos inferiores; con el calor que sentía en la palma de su propia mano modelaba el hueco de una mano ajena que creía estrechar, y de sentimientos e impresiones que eran aún inconscientes, hacía nacer algunas peripecias que, por su encadenamiento lógico, atraerían al sueño de Swann el personaje necesario para recibir su amor o para despertarlo. [CS 373]

Tercer orden: producción de catástrofe (por los signos de vejez, enfermedad y muerte)

Nada más entrar en el salón, aunque mantuviera firme en mí, en el punto en que estaba, el proyecto que acababa de concebir, se produjo un golpe de efecto que opondría contra mi empresa la más grave de las objeciones. [...] Al principio no comprendí por qué vacilaba en reconocer al huésped y a los invitados, y por qué cada uno parecía haberse «fabricado una cara», en general empolvada, que lo cambiaba por completo. [...] Una velada como aquella en que me encontraba era algo mucho más valioso que una imagen del pasado, pues me ofrecía como todas las imágenes sucesivas, y que nunca había visto, que separaban el pasado del presente, o mejor aún, la relación que había entre el presente y el pasado; era como lo que antes se llamaba una «visión óptica», pero una óptica de los años, no de un momento, sino de una persona situada en la perspectiva deformadora del Tiempo. [...] La necesidad de remontar efectivamente el curso de los años para dar un nombre a las figuras, me obligaba, por reacción, a restituir acto seguido, otorgándoles su lugar real, los años en los que yo no había pensado. Desde este punto de vista, y para no dejarme engañar por la identidad aparente del espacio, el aspecto completamente nuevo de un ser como monsieur d'Argencourt era para mí una revelación patente de esa realidad milésima que de costumbre nos resulta abstracta, como la presencia de ciertos árboles enanos o baobabs gigantes nos advierte del cambio de meridiano. Descubría esta acción destructiva del Tiempo en el mismo momento en que me proponía dilucidar, intelectualizar en una obra de arte realidades extemporales. [TR 232]

Y ahora comprendía lo que era la vejez—la vejez, que de todas las realidades es quizá aquélla de la que más tiempo conservamos en la vida una noción puramente abstracta [...], sin comprender, sea por miedo, sea por pereza, lo que significa, hasta el día en que vemos una silueta desconocida, como la de monsieur d'Argencourt, que nos muestra que vivimos en un mundo nuevo. [...] Comprendía el significado de la muerte, del amor, de los goces del espíritu, de la utilidad del dolor, de la vocación, etc. Pues así como los nombres habían perdido para mí parte de su individualidad, las palabras me descubrían todo su sentido. La belleza de las imágenes reside detrás de las cosas; la de las ideas, delante. De suerte que la primera deja de deslumbrarnos cuando las alcanzamos, mientras que la segunda sólo se comprende cuando las hemos traspasado.

Seguramente el cruel descubrimiento que acababa de hacer me serviría para la materia misma de mi libro. Una vez decidido que no podía consistir únicamente en impresiones plenas—aquellas que están fuera del tiempo—, entre las verdades con que contaba combinarlas ocuparían un lugar importante las referidas al tiempo, al tiempo en el que están inmersos y cambian los hombres, las sociedades, las naciones. [TR 237-238]

[...] Admiraba la fuerza de renovación original del Tiempo que, respetando la unidad del ser y las leyes de la vida, sabe cambiar el decorado e introducir marcados contrastes en dos aspectos sucesivos de un mismo personaje. [...] En definitiva el artista, el Tiempo, había «ofrecido» todos esos modelos de tal forma que eran reconocibles, pero no parecidos. [...] En efecto, «reconocer» a alguien, y más aún, después de no haber podido reconocerlo, identificarlo, es pensar bajo una sola denominación dos cosas contradictorias, es admitir que lo que está aquí, el ser que se recuerda, ya no está, y lo que está es un ser desconocido; es tener que pensar un misterio casi tan turbador como la muerte, de la que por otra parte es prefacio y heraldo. [TR 241-246]

[...] Lo mismo que sobre los seres, el tiempo había ejercido también en este salón su química sobre la sociedad. [...] Distendidos o rotos, los resortes de la máquina rechazadora ya no funcionaban, mil cuerpos extraños penetraban en él, quitándole toda homogeneidad, toda compostura, todo color. El faubourg Saint-Germain, como una hacendada gaga, sólo respondía con tímidas sonrisas a criados insolentes que invadían sus salones, bebían su naranjada y le prestaban sus queridas. [TR 262-263]

El Tiempo, un monstruo con dos cabezas:

a) *Alteración y muerte (universalidad)*

[...] En la transcripción de un universo que había que recomponer por completo, por lo menos no dejaría de describir en él al hombre con la longitud, no de su cuerpo, sino de sus años, como si hubiera de arrastrarlos con él—tarea cada vez más enorme y que acaba por vencerle—cuando se desplaza. Por otra parte, que ocupamos un lugar progresivamente creciente en el Tiempo todo el mundo lo siente, y esta universalidad no podía menos de alegrarme, puesto que es la verdad que todos sospechamos y que yo intentaría elucidar. No sólo todo el mundo siente que ocupamos un lugar en el Tiempo, sino que el más ingenuo mide este lugar aproximadamente como mediría el que ocupamos en el espacio [...]. Si tenía ahora la intención de poner tan de relieve esta noción del tiempo incorporado, de los años pasados no separados de nosotros, es porque en este preciso momento, en la residencia del príncipe de Guermantes, oía aún aquel ruido de los pasos de mis padres acompañando a monsieur Swann y aquel tintineo estridente, ferruginoso, insistente, penetrante y fresco de la campanilla que me anunciaba que monsieur Swann se había ido por fin y que mamá subiría, los oía tal cual, situados no obstante en un pasado muy lejano. Entonces, pensando en todos los hechos interpuestos forzosamente entre el instante en que yo los había oído y la velada de los Guermantes, me aterró pensar que era exactamente aquella campanilla la que seguía tintineando en mí, sin que pudiera modificar en nada el estrépito de su badajo [...]. Para intentar oírlo más de cerca, debía internarme en mí mismo. Luego aquel tintineo seguía allí, así como entre él y el instante presente todo aquel pasado indefinidamente desplegado que yo desconocía que portaba. Cuando sonó, yo existía ya, y desde entonces, para que oyese aún su tintineo, era preciso que no hubiera habido discontinuidad, que yo no hubiera dejado un instante de ser, de existir, de pensar, de tener consciencia de mí, puesto que aquel instante remoto se conservaba aún en mí, podía encontrarlo todavía, volver a él con sólo descender más profundamente en mí. [...]

Me producía un sentimiento de fatiga y escalofríos sentir que todo ese tiempo tan largo no solamente había sido vivido, pensado, segregado por mí sin interrupción, que era mi vida y yo mismo, sino también que tenía que mantenerlo constantemente amarrado a mí, que me sostenía encaramado a su vertiginosa cima, que no podía moverme sin desplazarlo a duras penas consigo. La época en que oí el ruido de la campanilla del jardín de Combray, muy distante y sin embargo interior, era un punto de referencia en esta dimensión enorme que desconocía tener. Me daba vértigo ver por debajo de mí, y no obstante en mí—como si midiera leguas de estatura—, tantos años.

Si me quedaba el tiempo suficiente para realizar mi obra, en ella describiría ante todo a los hombres, aun a costa de hacerles parecer seres monstruosos, como ocupando un lugar muy considerable al lado de ese otro tan restringido que se les asigna en el espacio, un lugar por el contrario prolongado sin límite, puesto que, como gigantes sumergidos en los años, lindan simultáneamente con épocas—entre las que han venido a intercalarse tantos días—, que ellos viven muy distantes, en el Tiempo. [TR 351-353]

Debía partir, efectivamente, del hecho de que tenía un cuerpo, es decir, de que estaba perpetuamente amenazado por un doble peligro, exterior e interior. Y aún hablaba así por comodidad del lenguaje, pues el peligro interior, como el de hemorragia cerebral, es igualmente exterior, puesto que es del cuerpo. El hecho de tener un cuerpo es la gran amenaza para el espíritu, la vida humana y pensante, de la que sin duda conviene decir que no es precisamente un milagroso perfeccionamiento de la vida animal y física, sino más bien una imperfección en la organización de la vida espiritual, incluso tan rudimentaria como la existencia común de los protozoarios en políperos, como el cuerpo de la ballena, etc. El cuerpo aprisiona al espíritu en una fortaleza; pronto la fortaleza se ve asediada por todas partes y, al final, el espíritu ha de rendirse. [TR 341]

---

b) *Superación de la contradicción (por la fragmentación)*

[...] Me sentía acrecido por esta obra que llevaba en mí (como por algo valioso y frágil que me hubiera sido confiado y yo deseara entregar intacto en las manos a que iba destinada y que no eran las mías). Ahora, sentirme portador de una obra hacía más terrible para mí un accidente que pudiera costarme la vida [...]. Sabía muy bien que mi cerebro era una rica cuenca minera, con una extensión inmensa y muy variada de yacimientos preciosos. Pero ¿tendría tiempo de explotarlos? [...] Por una extraña coincidencia, este temor razonado del peligro nacía en mí en un momento en que, desde hacía poco, la idea de la muerte me resultaba indiferente. [...] Pues comprendía que morir no era nada nuevo, sino que por el contrario desde mi infancia había muerto ya varias veces. [TR 341-343]

La ley cruel del arte es que mueran los seres y nosotros mismos muramos agotando todos los sufrimientos, para que crezca la hierba, no del olvido, sino de la vida eterna, la hierba firme de las obras fecundas sobre la que las generaciones vengan a celebrar, sin cuidado por los que duermen debajo, su «almuerzo en la hierba». [TR 343]

3. LA EXPERIMENTACIÓN ARTÍSTICA

El arte como productor de efectos (o verdades)

«Y a propósito de las catedrales—dijo Elstir dirigiéndose a mí, porque hacía referencia a una conversación en la que las muchachas no habían participado ni, además, les habría interesado—, el otro día le hablaba de la iglesia de Balbec como de un enorme acantilado, un gran brote de piedra del país; pero, me dijo mostrándome una acuarela, observe a la inversa estos acantilados (es un boceto tomado muy cerca de aquí, en los Creuniers), observe cómo esas rocas recortadas con tanta fuerza y delicadeza recuerdan a una catedral». [...] Me lamenté de no conocer los Creuniers. Pero Albertina y Andrea me aseguraron que debía de haber ido al menos cien veces. En ese caso fue sin saberlo, ni sospechar que algún día su visión podría inspirarme tal sed de belleza, no precisamente natural como aquella que había ido a buscar en los acantilados de Balbec, sino más bien arquitectónica. [...]

De suerte que si antes de esas visitas a Elstir [...] me esforzaba siempre que estaba frente al mar por expulsar de mi campo visual a los bañistas de primer término y a los yates de velas tan blancas como los trajes de playa, todo cuanto me impedía convencerme de que contemplaba el flujo inmemorial cuya misteriosa vida desplegaba ya antes de la aparición de la especie humana, incluidos aquellos días radiantes que me parecían revestir de un aspecto banal de estío universal a esa costa de brumas y tempestades, marcando en ella un simple tiempo de descanso equivalente a lo que en música se denomina un compás de espera, ahora, en cambio, lo que me parecía un accidente funesto era el mal tiempo, sin que pudiera ocupar un lugar en el mundo de la belleza: deseaba ardientemente ir a encontrar en la realidad lo que tan fuertemente me exaltaba, y confiaba en que el tiempo fuera lo bastante favorable para ver desde lo alto del acantilado las mismas sombras azules que había en el cuadro de Elstir. [JF 464]

[...] Mis ojos, instruidos por Elstir a retener precisamente los elementos que antes apartaba yo a propósito, no dejaban de contemplar lo que el primer año no sabían ver. La oposición que entonces tanto me impresionara entre mis agrestes paseos con madame de Villeparisis y la proximidad fluida, inaccesible y mitológica del Océano eterno no existía ya para mí. Y, en cambio, a veces el mar mismo me parecía ahora casi rural. Los pocos días de auténtico buen tiempo, el calor trazaba sobre el agua, como a través del campo, un surco polvoriento y blanco tras el que sobresalía, como un campanario rural, la fina punta de un barco pesquero. Un remolcador del que apenas se veía la chimenea echaba humo en lontananza como una fábrica lejana, mientras que aislado en el horizonte un cuadrado blanco y abombado, pintado sin duda por una vela pero con aspecto compacto y calcáreo, recordaba la arista soleada de algún edificio aislado, un hospital o una escuela. Y las nubes y el viento, los días en que se mezclaban con el sol, pulían, si no el error de juicio, sí al menos la ilusión de la primera mirada, la sugerencia que despierta en la imaginación. Pues la alternancia de espacios coloreados y netamente recortados, como aquellos que se forman en el campo por la contigüidad de diferentes cultivos, las ásperas irregularidades amarillas y como cenagosas de la superficie marina, las lomas, los taludes que ocultaban a la vista una barca donde un grupo de ágiles marineros parecía que recolectaba, todo eso hacía del océano, en los días borrascosos, algo tan variado, consistente, accidentado, poblado y civilizado como la tierra transitable por la que yo andaba tiempo atrás y a la que no tardaría en volver. [SG 179-180]

La obra se nutre de sus propios efectos

Comprendí que todos los materiales de la obra literaria constituían mi vida pasada; que vinieron a mí con los placeres frívolos, la pereza, la ternura, el dolor, y que los almacené sin sospechar su destino ni su supervivencia, como no lo hace la simiente cuando acumula los alimentos que nutrirán la planta. Como la simiente, yo podría morir cuando la planta se hubiera desarrollado, y resultaba que había vivido para ella sin saberlo [...]. De suerte que toda mi vida hasta este día podía y no podía resumirse en este título: Una vocación. No podía porque la literatura no había desempeñado papel alguno en mi vida. Lo podía porque esta vida, los recuerdos de sus tristezas y de sus alegrías, constituía una reserva semejante al albumen que se aloja en el óvulo de las plantas y del cual obtiene su alimento para transformarse en grano, cuando aún se ignora que se está desarrollando el embrión de una planta, y que sin embargo es el lugar de fenómenos químicos y respiratorios secretos pero muy activos. Mi vida estaba así en relación con lo que la conduciría a su maduración. Y los que se nutrirían después de ella ignoraban, como quienes comen los granos alimenticios, que las ricas sustancias que contienen fueron hechas para su propio alimento, alimentaron primero la semilla y posibilitaron su maduración. [TR 206]

El arte: descubridor (por la observación), creador (por la imaginación subjetiva), productor (por el pensamiento)

Cualquiera que sea la idea que nos deje la vida, su figura material, huella de la impresión causada, es además la marca de su verdad necesaria. Las ideas formadas por la inteligencia pura sólo poseen una verdad lógica, una verdad posible, y su elección es arbitraria. [...] Sólo la impresión, por endeble que parezca su materia e inconsistente su huella, es un criterio de verdad [...]. La impresión para el escritor es como la experimentación para el sabio, con la diferencia de que en el sabio el trabajo de la inteligencia precede y en el escritor viene después. [...] Así, había llegado a la conclusión de que no somos en modo alguno libres ante la obra de arte, no la hacemos a nuestro antojo, sino que, preexistente en nosotros, y porque es a la vez necesaria y está oculta, hemos de descubrirla como haríamos con una ley de la naturaleza. [TR 186-187]

De mi vida pasada comprendí también que los menores episodios contribuyeron a darme la lección de idealismo de la que hoy iba a sacar provecho. Mis encuentros con monsieur de Charlus, por ejemplo, ¿no me permitieron, incluso antes de que su germanofilia me diera la misma lección, y mejor aún que mi amor por madame de Guermantes o por Albertina, o que el amor de Saint-Loup por Raquel, convencerme de cuán indiferente es la materia y de que todo puede ponerlo el pensamiento [...]? Mi sobrecogimiento cada vez que veía en los Champs-Élysées, en la calle, en la playa, el rostro de Gilberta, de madame de Guermantes, de Albertina, ¿no probaba hasta qué punto un recuerdo no se prolonga sino en una dirección divergente de la impresión con la que coincidió al principio y de la que se aleja paulatinamente? [TR 217]

Me di cuenta de que sólo la percepción burda y errónea pone todo en el objeto, cuando todo está en el espíritu; perdí a mi abuela en realidad muchos meses después de haberla perdido de hecho; vi a las personas variar de aspecto según la idea que yo u otros nos hacíamos de ellas; vi a una sola ser varias según las personas que la veían (los diversos Swann del principio, por ejemplo; la princesa de Luxemburgo para el primer presidente), o hasta para una sola a lo largo de los años (el nombre de Guermantes o los diversos Swann para mí). Vi cómo el amor situaba en una persona lo que sólo está en la persona que ama. Pude darme aun más cuenta de esto porque yo extendí hasta el límite la distancia entre la realidad objetiva y el amor (Raquel para Saint-Loup y para mí, Albertina para mí y para Saint-Loup, Morel o el conductor de ómnibus para Charlus u otras personas...). En fin, la germanofilia de monsieur de Charlus, así como la mirada de Saint-Loup a la fotografía de Albertina, me ayudaron en cierta medida a distanciarme por un instante, si no de mi germanofilia, al menos de mi confianza en su pura objetividad, y a hacerme pensar que quizá ocurría con el odio como con el amor y que, en el terrible juicio que en aquel momento emitía Francia con respecto a Alemania, a la que consideraba al margen de la humanidad, había sobre todo una objetivación de sentimientos [...]. (Y no obstante, lo que yo veía de subjetivo en el odio como en la mirada misma no impedía que el objeto pudiera poseer cualidades o defectos reales, ni desvanecía de ningún modo la realidad en un puro relativismo.)

[TR 219-220]

La enfermedad, que como un inexorable director de consciencia me hacía morir a ojos del mundo, me había hecho un favor, «pues si la semilla de trigo no muere una vez sembrada, quedará sola, pero si muere dará muchos frutos»; si la pereza me protegió contra la facilidad, la enfermedad que acaso iba a guarecerme ahora contra la pereza había consumido mis fuerzas y [...] las fuerzas de mi memoria. Mas ¿no era la recreación por la memoria de impresiones que después debían profundizarse, esclarecerse, transformarse en equivalente intelectual, una de las condiciones, casi la esencia misma de la obra de arte tal como yo la había concebido en la biblioteca? [...]

Entonces, pensé que si tenía aún fuerzas para realizar mi obra, esta velada—como antaño en Combray algunos días que influyeron en mí—que hoy mismo me había dado a la vez la idea de mi obra y el temor a no poder realizarla, marcaría en ésta ante todo la forma que presentí en otro tiempo en la iglesia de Combray y que nos resulta habitualmente invisible, la del Tiempo.

[TR 349-350]

El arte: objetivo final de la vida o de la Naturaleza

Comoquiera que las relaciones mundanas habían ocupado hasta entonces un lugar en mi vida cotidiana, me asustaba un futuro en el que no figuraran, y este recurso [de escribir] que me permitiría retener la atención de mis amigos sobre mí, y quizá suscitar su admiración, hasta el día que me repusiera lo bastante para volver a verlos, me consolaba; pero, aunque me dijera esto, me daba cuenta de que no era verdad, de que si me complacía representarme su atención como el objeto de mi placer, ese placer era un placer interior, espiritual, último, que los demás no podrían darme y que yo no podría encontrar charlando con ellos, sino escribiendo alejado de su compañía; y que si comenzaba a escribir para verlos indirectamente, para que tuvieran mejor opinión de mí, para prepararme una situación más ventajosa en el mundo, acaso escribir me quitaría las ganas de verlos, y no me apetecería disfrutar la posición que la literatura me valdría tal vez en el mundo, pues mi placer no residiría ya en el mundo sino en la literatura.

[AD 152]

Toda persona que nos hace sufrir puede relacionarse con una divinidad de la cual no es sino un reflejo fragmentario y el último grado, divinidad (Idea) cuya contemplación nos procura al instante un goce en lugar del dolor que sentíamos. Todo el arte de vivir no consiste sino en servirnos de las personas que nos hacen sufrir como de un grado que nos permite acceder a su forma divina y poblar así gozosamente nuestra vida de divinidades. [TR 205]

El trabajo del artista, de intentar captar bajo la materia, bajo la experiencia, bajo las palabras algo distinto, es exactamente el trabajo inverso de ese otro que, cuando vivimos ajenos a nosotros mismos, efectúa en nosotros el amor propio, la pasión, la inteligencia, así como el hábito, al acumular sobre nuestras impresiones verdaderas, y para ocultárnoslas por completo, las nomenclaturas y los fines prácticos que consideramos erróneamente la vida. En definitiva, ese arte tan complicado es precisamente el único arte vivo. Sólo él expresa para los demás y nos hace ver a nosotros mismos nuestra propia vida, esa vida que no puede «observarse» y cuya apariencia ha de ser traducida y con frecuencia leída al revés o descifrada penosamente. El trabajo que hicieron nuestro amor propio, nuestra pasión, nuestro espíritu de imitación, nuestra inteligencia abstracta, nuestros hábitos es el trabajo que el arte deshará, y la marcha que nos hará seguir en sentido contrario es el regreso a las profundidades, donde lo que realmente existió yace ignorado por nosotros. [TR 202-203]

4. LA UNIDAD DE LA OBRA DE ARTE

Inacabada y compuesta de remiendos

Esta idea del Tiempo tenía un último valor para mí, era un acicate, me decía que ya era hora de empezar, si quería desentrañar los breves destellos que sentí a veces en el transcurso de mi vida por el camino de Guermantes, o durante mis paseos en coche con madame de Villeparisis, y que me hizo considerar la vida como digna de ser vivida. [...] ¡Qué afortunado sería quien pudiera escribir ese libro, qué tarea ante él! Para hacerse una idea, habría que compararlo con las artes más excelsas y variadas; pues este escritor, que mostraría además las caras opuestas de cada carácter para realzar su volumen, tendría que preparar su libro minuciosamente, con constantes reagrupamientos de fuerzas, como una ofensiva, soportarlo como una fatiga, aceptarlo como una regla, construirlo como una iglesia, seguirlo como un régimen, vencerlo como un obstáculo, conquistarlo como una amistad, sobrealimentarlo como a un niño, crearlo como un mundo, sin dejar de lado esos misterios que probablemente sólo encuentren explicación en otros mundos y cuyo presentimiento es lo que más nos conmueve en la vida y en el arte. En estos grandes libros, hay partes que sólo han tenido tiempo de ser esbozadas, y que seguramente nunca se acabarán, por la amplitud misma del plano del arquitecto. ¡Cuántas grandes catedrales han quedado inacabadas!

[TR 337-338]

Observado por Francisca, trabajaría junto a ella, y más o menos como ella [...]; pues, pegando aquí o allá algún papel suplementario, construiría mi libro, no me atrevo a decir ambiciosamente como se construye una catedral, sino simplemente como se monta un vestido. [...] Por lo demás, como en un libro las individualidades (humanas o no) están compuestas de numerosas impresiones que, tomadas de varias muchachas, de varias iglesias, de varias sonatas, sirven para componer una sola sonata, una sola iglesia, una sola muchacha, ¿no habría de hacer yo mi libro como preparaba Francisca su estofado de buey, tan apreciado por monsieur de Norpois, donde tantos pedazos de carne añadidos y seleccionados enriquecían la gelatina? [TR 338-340]

Punto de vista supraindividual y multiplicidad de mundos

La verdadera vida, la vida finalmente descubierta y esclarecida, la única vida en consecuencia plenamente vivida, es la literatura. Esa vida que, en cierto modo, habita a cada instante en todos los hombres tanto como en el artista. Pero no la ven porque no tratan de dilucidarla. Y por eso su pasado está sembrado de múltiples clichés que resultan inútiles porque la inteligencia no los ha «desarrollado». Nuestra vida; y también la vida de los demás; pues, para el escritor, el estilo es como el color para el pintor; no cosa de técnica, sino de visión. Es la revelación, que sería imposible por medios directos y conscientes, de la diferencia cualitativa que hay en la manera de aparecérsenos el mundo, diferencia que, si no existiera el arte, sería el secreto eterno de cada uno. Sólo mediante el arte podemos salir de nosotros, saber lo que otro ve de ese universo distinto del nuestro y cuyos paisajes nos serían tan desconocidos como los que pueda haber en la luna. Gracias al arte, en lugar de ver un solo mundo, el nuestro, lo vemos multiplicarse, y disponemos de tantos mundos como artistas originales hay, más diferentes unos de otros que los que gravitan en el infinito... [TR 201-202]

Uno y Todo: ni unidad lógica, ni totalidad orgánica

Cuántas veces retornaron a mí todos aquellos personajes en el transcurso de su vida, cuyas diversas circunstancias parecían presentar los mismos seres, pero con formas y objetivos variados; y la diversidad de los puntos de mi vida por donde había pasado el hilo de la de esos personajes acabó por mezclar a quienes parecían más alejados, como si la vida poseyera solamente un número limitado de hilos para trazar los dibujos más variados. [...] Hoy todos esos hilos diferentes se habían entrelazado para tejer la trama, aquí de la pareja Saint-Loup, allá del joven matrimonio Cambremer, por no hablar de Morel y de tantos otros cuya unión contribuyó a formar una circunstancia, pareciéndome que la circunstancia era la unidad completa y el personaje tan sólo un componente. Además, mi vida era ya bastante larga para que no encontrase a más de uno de aquellos seres, en regiones opuestas de mis recuerdos, otro ser que lo completara. [...] Del mismo modo, si a un aficionado al arte le muestran el panel de un retablo, recuerda en qué iglesia, en qué museos o en qué colección particular están dispersos los demás [...], y puede reconstruir en su cabeza la parte inferior y el altar completo. Como el cubo que al subir por un torno roza varias veces y por lados opuestos la cuerda, no había personaje ni acaso cosas que, si ocupaban un lugar en mi vida, no desempeñaran alternativamente papeles diferentes. Si al cabo de unos años volvía a encontrar en mi recuerdo una simple relación mundana, o incluso un objeto material, veía que la vida no había dejado de tejer en torno a él distintos hilos que acababan por darle ese hermoso aterciopelado inimitable de los años, semejante al que en los parques antiguos forra de esmeralda una simple cañería. [TR 278-279]

La música, muy diferente en este aspecto de la compañía de Albertina, me ayudaba a descender en mí mismo y a descubrir allí algo nuevo: la variedad que había buscado en vano en la vida [...]. Era una diversidad doble.

Por una parte, al igual que el espectro exterioriza para nosotros la composición de la luz, la armonía de un Wagner o el color de un Elstir nos permiten conocer esa esencia cualitativa de las sensaciones de otro ser donde el amor por otra persona no nos hace penetrar. Por otra, la diversidad en el seno de la propia obra, por el único medio posible de ser efectivamente diversa: reunir varias individualidades. [...] Pensaba en el hecho de que, al mismo tiempo, esas obras participan del carácter de ser—si bien maravillosamente—siempre incompletas, carácter propio de todas las grandes obras del siglo XIX, cuyos magníficos escritores malograron sus libros pero, al contemplar su trabajo como si fueran artesano y juez a la vez, extrajeron de esta autocontemplación una belleza nueva, exterior y superior a la obra, al imponerle retroactivamente una unidad, una magnitud de que carece. Sin detenernos en quien vio realmente en sus novelas una *Comedia humana,* ni en quienes denominaron a poemas o ensayos heterogéneos *La leyenda de los siglos* y *La Biblia de la humanidad,* ¿no puede decirse de este último, que tan bien encarna el siglo XIX, que la mayor belleza de Michelet acaso no haya que buscarla tanto en su propia obra como en la actitud que adopta frente a ella, es decir no en su *Historia de Francia* o en su *Historia de la Revolución,* sino en sus prefacios a esos dos libros? Prefacios, es decir páginas escritas una vez acabados, donde los juzga y se ve obligado a añadir de vez en cuando frases que comienzan normalmente por un «¿Debiera decirlo?», que no es una precaución de erudito, sino una cadencia de músico. [...] O como Balzac, cuando al mirar sus obras con los ojos de un extraño y de un padre a la vez... proyectó sobre ellas una iluminación retrospectiva y se dio cuenta de pronto de que serían más bellas reunidas en un ciclo donde reaparecieran los mismos personajes, añadiendo así a su obra por este ensamblaje la última y más sublime pincelada. Unidad ulterior, no artificial. De otro modo quedaría pulverizada, como tantas sistematizaciones de escritores mediocres que con el refuerzo de títulos y subtítulos aparentan haber pretendido un único y trascendental propósito. No artificial, sino hasta quizá más real por ser ulterior y haber surgido de un momento de entusiasmo, descubierta entre fragmentos que sólo les falta reunirse, unidad que se ignoraba, por tanto vital y no lógica, que no ha proscrito la variedad ni enfriado la ejecución. Es como un fragmento compuesto aparte (pero aplicado esta vez al conjunto), nacido de una inspiración, no exigido por el desarrollo artificial de una tesis, y que viene a integrarse al resto. [...] El propio Wagner exultó de gozo cuando descubrió en su memoria el son del pastor y lo agregó a su obra, proyectando en ella su significado. Alegría que, por lo demás, no le abandona nunca. En él, cualquiera que sea la tristeza del poeta, queda consolada, rebasada—es decir desgraciadamente en parte destruida—por el gozo del creador. En ese momento, tanto como aquella identidad que constatara entre la frase de Vinteuil y la de Wagner, me había conmocionado esta habilidad vulcánica. ¿No será ella la que en los grandes artistas produce la ilusión de una profunda originalidad, irreductible, aparentemente reflejo de una realidad sobrehumana, pero en realidad fruto de un trabajo industrioso? Si el arte consiste sólo en eso, no es más real que la vida misma, y no tenía entonces de qué lamentarme.

[LP 149-151]

Estatuto de la esencia: punto de vista (adyacente o contiguo)

Combray, de lejos, a diez leguas a la redonda, vista desde el tren cuando llegábamos allí la última semana antes de Pascua, era tan sólo una iglesia que albergaba el pueblo, lo representaba, y hablaba de él y por él en lontananza [...]. Era el campanario de Saint-Hilaire lo que componía, coronaba y consagraba todos los quehaceres, todas las horas y todas las perspectivas del pueblo. [...] Incluso en nuestros paseos por detrás de la iglesia, cuando ya no la veíamos, todo parecía ordenado por relación al campanario, que surgía aquí o allá entre las casas, aún más impresionante si asomaba sin la iglesia. [CS 47-64]

[En las pinturas de Elstir] el río que discurre bajo los puentes de una ciudad estaba captado de tal manera que parecía completamente dislocado, explayado aquí en lago, reducido allá a reguero, cortado en otra parte por la interposición de una colina, coronada de bosque, donde el vecindario acude al atardecer a tomar el fresco; y el propio ritmo de esta agitada ciudad sólo estaba fijado por la vertical inflexible de los campanarios que, en lugar de elevarse, la plomada de la pesantez marcaba la cadencia como en una marcha triunfal, pareciendo mantener en suspenso, por debajo de ellos, toda la masa más confusa de casas escalonadas en la bruma, a lo largo del río aplastado y deshecho.

[JF 403]

La nueva literatura: ausencia de estilo
(en vez de descripción, explicación)

En una descripción, podemos hacer que los objetos del lugar descrito se sucedan indefinidamente, la verdad sólo empezará cuando el escritor tome dos objetos diferentes, establezca su relación, análoga en el mundo del arte a lo que en el mundo de la ciencia es la relación única de la ley causal, y los encierre en los anillos necesarios de un buen estilo. O cuando, como en la vida, aproxime una cualidad común a dos sensaciones, extraiga su esencia común y las reúna, para sustraerlas a las contingencias del tiempo, en una metáfora.

[TR 196]

Mi incapacidad para mirar y escuchar, que tan penosamente me reveló [mi lectura del diario de los Goncourt], no era sin embargo completa. Había en mí un personaje que más o menos sabía ver bien, pero era un personaje intermitente, que sólo cobraba vida cuando aparecía alguna esencia general, común a varias cosas, que constituía su alimento y su gozo. Entonces el personaje miraba y escuchaba, pero solamente a una cierta profundidad, de modo que la observación no le era de provecho. Como un geómetra despoja a las cosas de sus cualidades sensibles para no ver más que su sustrato lineal, a mí se me escapaba lo que contaba la gente, pues no me interesaba lo que querían decir, sino el modo de decirlo, en tanto revelaba su carácter y sus ridiculeces; o quizá el objeto que más particularmente fue siempre el fin de mi investigación, porque me procuraba un placer específico, era el punto común entre un ser y otro. Sólo cuando lo percibía, mi espíritu—hasta ese momento amodorrado, incluso tras la aparente actividad de mi conversación, cuya animación ocultaba a los demás un absoluto entumecimiento espiritual—se lanzaba de pronto a la caza, pero lo que perseguía entonces, por ejemplo la identidad del salón Verdurin en diversos lugares y tiempos, estaba situado a media profundidad, más allá de la apariencia misma, en una zona un poco más retirada. Asimismo, se me escapaba el encanto aparente, reproducible de los seres, porque no tenía la capacidad de detenerme en él, como el cirujano que bajo la tersura de un vientre femenino ve el mal interno que lo roe. Si cenaba en compañía, no veía a los comensales, porque cuando creía mirarlos, los radiografiaba.

El resultado era que, de todas las observaciones que había podido reunir en una cena sobre los invitados, el dibujo de las líneas que yo trazaba representaba un conjunto de leyes psicológicas donde el interés propio de las palabras del invitado apenas ocupaba lugar ninguno. Pero ¿quitaba eso todo mérito a mis relatos, si yo no los tenía por tales? [TR 25]

Intercambio y comunicación de puntos de vista:
la transversalidad (estructura formal de la obra)

A su manera, y sin que ni siquiera la hubiese visto, mademoiselle de Saint-Loup me traía de nuevo la idea del Tiempo pasado. ¿Por otra parte, no era ella como la mayoría de los seres, como son en los bosques las «estrellas» de las encrucijadas donde vienen a converger caminos procedentes, también en nuestra vida, de los puntos más diversos? Eran muchos para mí los que iban a dar en mademoiselle de Saint-Loup y se propagaban a su alrededor. Ante todo, iban a parar a ella los dos grandes «caminos» donde yo diera tantos paseos y forjara tantos sueños—por su padre, Roberto de Saint-Loup, el camino de Guermantes; por Gilberta, su madre, el camino de Méséglise, que era el «lado de Swann». Uno de ellos, por la madre de la muchacha y los Champs-Élysées, me conducía hasta Swann, a mis noches de Combray, al camino de Méséglise; el otro, por su padre, a mis tardes de Balbec, donde lo veía de nuevo junto al mar soleado. Ya entre estos dos caminos se tendían algunas transversales. Pues si tanto deseé ir a ese Balbec real donde conocí a Saint-Loup, fue en gran parte por lo que Swann me dijo acerca de las iglesias, de la iglesia persa sobre todo; y, por otra parte, por Roberto de

Saint-Loup, sobrino de la duquesa de Guermantes, enlazaba, también en Combray, con el camino de Guermantes. Pero mademoiselle de Saint-Loup conducía aún a otros muchos puntos de mi vida, a la dama de rosa, su abuela, a la que vi en casa de mi tío-abuelo. Una nueva transversal aparecía aquí, pues el criado de este tío-abuelo que aquel día me introdujo y más tarde me permitió, por el regalo de una fotografía, identificar a la dama de rosa, era el padre del joven al que amaron no sólo monsieur de Charlus, sino hasta el propio padre de mademoiselle de Saint-Loup, por quien hizo desdichada a su madre. ¿Y no fue el abuelo de mademoiselle de Saint-Loup, Swann, el primero en hablarme de la música de Vinteuil, como fue Gilberta la primera que me habló de Albertina? Y hablando a Albertina de la música de Vinteuil, descubrí quién era su gran amiga e inicié con ella esa vida que la condujo a la muerte y me causó tantos pesares. En fin, fue también el padre de mademoiselle de Saint-Loup quien trató de que Albertina volviera. E incluso toda mi vida mundana, tanto en París en el salón de los Swann o de los Guermantes, como en el extremo opuesto, en casa de los Verdurin, alineaba junto a los dos caminos de Combray y de los Champs-Élysées la hermosa terraza de La Raspalière. Por lo demás, por opuestos que fueran, los Verdurin se relacionaban con Odette por el pasado de ésta, y con Roberto de Saint-Loup por Charlie; ¡y qué papel desempeñaría en su casa la música de Vinteuil! Por último, Swann había amado a la hermana de Legrandin, el cual conoció a monsieur de Charlus, con cuya pupila se casó el joven Cambremer. Ciertamente, cuando se trata únicamente de nuestros corazones, el poeta acertó al hablar de los «misteriosos hilos» que corta la vida. Pero es aún más cierto que no deja de tejerlos entre los seres y los hechos, entrelazándolos y doblándolos para reforzar la trama, de tal modo que una rica red de recuerdos entre el menor punto de nuestro pasado y todos los demás no deja otra elección que las comunicaciones.

[TR 334-335]

¿Quién es el sujeto de «La Recherche»?

Puede decirse que, si yo trataba de no utilizarla inconscientemente sino de recordar lo que fue para mí, no había una sola de las cosas que nos servían en aquel momento que no fuera algo vivo, y vivo con una vida personal para nosotros, transformada luego por el uso en simple materia industrial. [...]

No podríamos contar nuestras relaciones con un ser al que conocimos, aunque fuera poco, sin hacer sucederse los parajes más diversos de nuestra vida. Así, cada individuo—y yo mismo era uno de aquellos individuos—medía para mí la duración por la revolución realizada no solamente en derredor suyo, sino en torno a los demás, y sobre todo por las posiciones que ocupó sucesivamente con respecto a mí. Y, efectivamente, todos esos planos con arreglo a los cuales el Tiempo, desde que lo había recobrado en aquella fiesta, distribuía mi vida, haciéndome pensar que, en un libro que se propusiera relatar una, convendría emplear, frente a la psicología plana que se aplica normalmente, una especie de psicología en el espacio, añadían así una belleza nueva a las resurrecciones que mi memoria realizaba mientras meditaba solo en la biblioteca, porque la memoria, al introducir el pasado en el presente sin modificarlo, tal como era cuando era presente, elimina precisamente esa gran dimensión del Tiempo con arreglo a la cual se realiza la vida. [TR 336]